Disciplina con amor
para adolescentes

Guía para llevarte bien con tu adolescente

Rosa Barocio

EDITORIAL
PAX
MÉXICO

EL LIBRO MUERE CUANDO LO FOTOCOPIAN

Amigo lector:

La obra que usted tiene en sus manos es muy valiosa, pues el autor vertió en ella conocimientos, experiencia y años de trabajo. El editor ha procurado dar una presentación digna de su contenido y pone su empeño y recursos para difundirla ampliamente, por medio de su red de comercialización.

Cuando usted fotocopia este libro, o adquiere una copia "pirata", el autor y el editor dejan de percibir lo que les permite recuperar la inversión que han realizado, y ello fomenta el desaliento de la creación de nuevas obras.

La reproducción no autorizada de obras protegidas por el derecho de autor, además de ser un delito, daña la creatividad y limita la difusión de la cultura.

Si usted necesita un ejemplar del libro y no le es posible conseguirlo, le rogamos hacérnoslo saber. No dude en comunicarse con nosotros.

EDITORIAL PAX MÉXICO

COORDINACIÓN EDITORIAL: Matilde Schoenfeld
PORTADA: Víctor M. Santos Gally

© 2008 Editorial Pax México, Librería Carlos Cesarman, S.A.
        Av. Cuauhtémoc 1430
        Col. Santa Cruz Atoyac
        México D.F. 03310
        Teléfono: 5605 7677
        Fax: 5605 7600
        editorialpax@editorialpax.com
        www.editorialpax.com

Primera edición
ISBN: 978-968-860-924-8
Reservados todos los derechos
Impreso en México / *Printed in Mexico*

Índice

Mi agradecimiento a
Gloria Ugalde y a los alumnos
de secundaria de la Comunidad
Educativa "Cato Hanrath"

Introducción

*Sabes que tus hijos han crecido cuando dejan de preguntarte de dónde vinieron, y se niegan a decirte adónde van.**

P.J. O'ROURKE

Todos hemos sido adolescentes. De esa etapa, algunos conservamos más recuerdos; otros, menos. Unos quisiéramos olvidarla, mientras que otros desearíamos nunca haberla abandonado. Como sea, todos hemos estado ahí, llenos de incertidumbre, apasionados, anhelantes, temerosos; con la sensación de estar en el umbral de algo importante pero sin saber qué es. Queriendo y no queriendo, al mismo tiempo. Pero ahora, frente a nuestros hijos adolescentes y ante el reflejo de lo que alguna vez también fuimos, nos vemos obligados a hacer memoria y reflexionar, con el fin de tenderles la mano en esta importante transición de sus vidas.

Cuando escuchamos hablar de adolescentes, los comentarios a menudo son negativos. Decía un hombre:

*"Dios es providencial. Nos da 12 años para alimentar el amor por nuestros hijos... ¡antes de convertirlos en adolescentes!"***

La adolescencia es sin duda un momento de cambio acompañado de conflictos, confusión y altibajos muy marcados, pero no podemos dejar de ver que es un proceso por demás signi-

---

* Tomado de Judy Brown, *Squeaky Clean Comedy*, Andrews McMeel Publishing, Kansas City, 2005, p. 45.

** Tomado de Bob Phillips, *The World's All-Time Best Collection of Good Clean Jokes*, Galahad Books, Nueva York, 1996, p. 296.

ficativo. Recuerdo cuando una madre preocupada me contaba que, al comentarle a una psicóloga lo mucho que estaba disfrutando a su hija adolescente, la psicóloga le respondió: "Eso es imposible; seguramente estás en negación." Resulta obvio que esta profesional solamente reconoce los aspectos negativos de la adolescencia. Como el que ve un capullo y lo encuentra insípido y poco estético por ignorar lo que ocurre en su interior, así también pensamos en la adolescencia sólo como una etapa molesta y preocupante que hay que sobrellevar. Entonces dejamos de admirar los procesos milagrosos de transformación por los que pasan nuestros hijos.

Para mejor comprender estos cambios, comparemos el proceso de individuación del ser humano con la metamorfosis de una mariposa. Diríamos que la oruga que come, come y come, se asemeja a la niñez, a ese niño que está nutriéndose de todo y todos los que lo rodean. Pero cuando por fin hace su capullo, recordamos al adolescente: esa etapa de transformaciones profundas de donde emerge un ser distinto. Sin la creación del capullo no existiría la mariposa, de la misma manera que sin la adolescencia no existiría el adulto. Cuando la mariposa sale del capullo pero aún tiene sus alas húmedas y cerradas, nos hace pensar en el adulto joven; pero cuando al fin las extiende y emprende el vuelo, vemos al adulto que en libertad sale a la vida en busca de sus propias experiencias.

Los invito a crear un espacio de reflexión para que juntos podamos revisar ese papel tan importante que jugamos como padres y como maestros de adolescentes. No pretendo decirles nada nuevo, pero sí acompañarlos en este recorrido, recuperar esa sabiduría que está dentro de cada uno de nosotros y despertar las partes adormecidas por los años que nos vuelven insensibles y duros. El objetivo es guiar con interés y con respeto, pero sin libertinaje; con firmeza, pero sin imposición.

Guiar a los adolescentes nunca ha sido fácil, pues nos lleva al autocuestionamiento, nos confronta con nuestras deficiencias y nos obliga, en pocas palabras, a vernos de frente. Si queremos ayudarlos, tenemos que estar dispuestos a emprender con ellos este viaje de autoconocimiento en el que, sin palabras, les comunicamos:

> Te acompaño en tu transformación, con profundo respeto por tu persona, tu camino y tu destino, sabiendo que en el guiarte está mi propio aprendizaje. Porque tus retos, provocaciones y dudas me sacan de mi comodidad y me obligan a revisar nuevamente mis valores, mis creencias y mis prioridades. Me llevan a ver muchas veces la incongruencia entre mis palabras y mis acciones. Así, al ayudarte, me ayudo a mí mismo. Y así también, a través de tu búsqueda, yo puedo aclarar la mía. En pocas palabras, me ayudas a despertar.

La crianza del niño pequeño exige mucho de nosotros. Requiere que gran parte de nuestra energía se enfoque en dar, nutrir y educar. En esta etapa los padres por lo general se muestran ávidos de información y asisten con gusto a cuanta conferencia se les invita sobre educación de menores. Pero, al pasar de los años, apoyados en rutinas y hábitos que los ayudan a sobrevivir en una vida cada vez más apresurada, empiezan a sentirse más seguros como educadores, y cuando el hijo entra a primaria los padres ya no muestran el mismo interés cuando se les convoca para tratar de orientarlos. Pareciera como si la vida lentamente los fuera arrullando, y empiezan a adormecerse. Hasta que un buen día, este hijo deja de ser niño. Es decir, deja de admirar ciegamente a sus padres y comienza a contradecirlos, cuestionarlos y confrontarlos. Como decía una madre:

"¡Ay! Si yo fuera sólo la mitad de maravillosa que aún me cree mi nena de cinco años, y sólo la mitad de estúpida que me considera mi adolescente..." *

---

* Adaptado de Bob Phillips, *The World's All-Time Best Collection of Good Clean Jokes*, Galahad Books, Nueva York, 1996, p. 296.

Este cambio de la niñez a la adolescencia pareciera como la alarma de un despertador. Algunas tienen un sonido fuerte, mientras otras son más suaves y delicadas, pero ¡todas por igual nos llaman a despertar!

En esta etapa muchos padres se quejan de sus hijos y, sin embargo, se resisten a recibir ayuda.

Al finalizar una clase de gimnasia, la instructora se me acercó y me pidió una entrevista urgente. Sentadas en un café, me platicó angustiada los problemas que tenía con su hija adolescente. Pensando en ayudarla le dije: "Tengo grabadas una serie de conferencias que te pueden servir para que conozcas el proceso por el que está pasando tu hija. Tan pronto pueda, te las traigo." Como su cumpleaños era la siguiente semana, aproveché para regalárselas.

Dos meses después la noté algo deprimida y, al preguntarle qué le sucedía, me contó que su hija se había ido de la casa. "¿Qué te parecieron las grabaciones que te regalé? ¿No te ayudaron?" Por la expresión de su cara me di cuenta de que no las había escuchado.

Como el enfermo que se queja de sus dolores pero se niega a tomar el medicamento, algunos padres piensan que la adolescencia de sus hijos es un mal que estoicamente deben padecer con la esperanza de salir lo mejor librados posible.

Pero si les llamó la atención este libro, me atrevo a pensar que es porque están interesados en recibir ayuda. A través de esta lectura les ofrezco preguntas para reflexionar y ejercicios prácticos para desarrollar y sostener una visión positiva del futuro. No tengo interés en aumentar su preocupación, ni manipularlos provocándoles miedo. Los medios de comunicación y otros autores ya han tomado esa ruta. Me queda claro que provocarle miedo a un padre de familia sólo empeora la situación y que el temor puede convertirse en su peor enemigo. El peligro de dejarnos invadir por el miedo es que empezamos a ver problemas donde no los hay, y a tomar decisiones a partir de esos fantasmas que nosotros mismos hemos fabricado. En otros casos, el miedo nos puede paralizar e impedirnos actuar. Si no lo mantenemos a raya, nos produce ansiedad y nos vuelve pesimistas; invade nuestras vidas y arruina también la de nuestros hijos.

Por eso, en vez de atemorizar a los padres, busco fortalecerlos; en vez de acobardarlos, alentarlos; en vez de deprimirlos, inspirarlos. Pretendo despertar su valentía para que, a través de la compresión y la empatía por su adolescente, se sientan capaces de acompañarlo en su camino a la madurez. Quiero convencerlos de mirar siempre hacia delante sabiendo que tienen la habilidad para enfrentar y resolver cualquier dificultad que se les presente. Y, finalmente, aspiro a que recuerden que somos nosotros los que vamos creando la realidad que estamos viviendo y que, por lo tanto, tenemos la posibilidad de cambiar lo que no nos gusta.

Como apoyo, les presento una serie de afirmaciones para que modifiquen los pensamientos limitantes que tienen como educadores. Una afirmación es una frase que nos ayuda a enfocar la atención en nuestra valía y nuestras capacidades. Son frases positivas que ayudan a desarraigar pensamientos negativos que aparecen en nuestra conciencia y de los que a menudo no logramos precisar su origen. Puede ser que una frase que escuchamos cuando éramos niños –"¡Nunca haces nada bien!"– ahora surja en nuestra conciencia cuando estamos tratando de educar a los hijos. Entonces nos sentimos incapaces de ponerles límites y nos entristece sentirnos incompetentes. En consecuencia, no sabemos qué hacer, ni qué decirles.

De niños y adolescentes escuchamos muchas veces frases negativas o entretuvimos pensamientos equivocados que se fueron repitiendo una y otra vez hasta que se convirtieron en creencias. Una creencia es simplemente un pensamiento que nos hemos repetido muchas veces. Por tal razón albergamos creencias equivocadas sobre nosotros mismos y nuestra relación con el mundo. Dichas creencias se almacenan en nuestro subconsciente y, ahora que somos padres de familia, surgen cuando menos lo esperamos y nos hacen sentir impotentes frente a nuestros hijos adolescentes.

Para cambiar una creencia necesitamos generar pensamientos positivos que nos animen y nos infundan fuerza. Así, cuando titubeemos al ponerle un límite al hijo y recordemos estas afirmaciones, podremos recuperar nuestra seguridad para hacer lo que consideramos correcto.

Escojan una o dos afirmaciones, las que más les atraigan y consideren más adecuadas en ese momento. Cópienlas en varios papeles y colóquenlas en lugares estratégicos: sobre el espejo del baño, en el buró de la cama, en la cartera. Cada vez que las vean, repítanlas en voz alta o mentalmente. Si lo hacen con frecuencia empezarán a notar que cada vez les serán más familiares, hasta que se conviertan en parte de ustedes.

Los felicito por su interés y les agradezco el privilegio de poder acompañarlos.

capítulo 1

"¡Socorro! ¡Me cambiaron a mi hija!"

"Mi hija era un encanto, generalmente amable y de buen humor. Disfrutaba de nuestra compañía y hacíamos muchas cosas juntas. Pero ahora no sé qué le está pasando. Muchas veces está furiosa con su padre o conmigo y ni siquiera sabemos por qué. Todo lo que le decimos le parece tonto o absurdo y es motivo de discusión. A veces hasta pienso que se avergüenza de nosotros. ¿Será que un extraterrestre nos la cambió?"

Vivir con un adolescente es vivir en el cambio, es regresar al caos. Como cuando nace un bebé y la vida de los padres de repente se ve completamente transformada, y se preguntan:

"¿Cómo puede la llegada de un ser tan pequeño causar tanto revuelo? ¿Cómo es posible que su mera presencia sea motivo para que yo tenga que cambiar mis hábitos y rutinas?" Y con voz más desesperada: "¿Algún día volveré a dormir toda la noche sin interrupciones?"

Pero a toda crisis por fortuna le sigue una etapa de tranquilidad que nos permite recuperarnos, para que, cuando ya estemos nuevamente acomodados y se nos hayan olvidado esas épocas turbulentas, nos despierte nuevamente, de golpe, otra crisis. Y así continúa la vida, con periodos de calma seguidos por periodos de crisis. Esta es la forma en la que la vida nos permite crecer o, mejor dicho, nos obliga a crecer. Porque si fuera por nosotros, creo que muchos optaríamos por permanecer cómodos, aunque significara vivir semidormidos.

Cuando un hijo inicia la pubertad, sus cambios alteran instantáneamente nuestras vidas organizadas y rutinarias, y nos sentimos fuera de control. Nos preguntamos:

"¿Qué pasó con ese niño que ya creíamos conocer, que parecía confiar ciegamente en nosotros y era accesible? ¿Dónde quedó esa hija a la que pensamos que habíamos 'domesticado'? ¿Qué ocurrió con nuestra tranquilidad familiar?"

Como decía un padre:

"La adolescencia es una etapa de grandes cambios. Entre los 12 y los 17 años, un joven puede ver a sus padres envejecer 20 años."*

Para mejor comprender lo que ocurre es necesario revisar el proceso completo de individuación. Es decir, el proceso a través del cual nos convertimos en individuos, en personas. También puede llamarse el proceso de "ser", que nos permite darnos cuenta de lo que nos hace únicos y distintos de los demás.

El proceso de individuación

Este proceso se inicia desde el momento en que nacemos y nunca termina realmente de completarse, pues seguimos en continua transformación interna hasta el día de nuestra muerte. Aunque no siempre las escuchamos, nos acompañan constantemente las siguientes preguntas: ¿Quién soy? ¿Por qué estoy aquí? ¿Qué quiero? ¿A dónde voy? Preguntas que marcan la dirección de nuestro diario caminar por la vida.

Pero si analizamos este proceso, podemos decir que la adolescencia es la última etapa de maduración de la cual el joven emerge con la capacidad para buscar, como ser independiente, su propio camino en la vida.

---

* Adaptado de Bob Phillips, *The Best Ever Book of Good Clean Jokes*, Galahad Books, Nueva Jersey, 1998, p. 275.

Revisemos, pues, cómo se da este proceso de individuación que, como ya les mencioné anteriormente, no es lineal ni parejo. Es decir, es un proceso marcado por momentos de grandes transformaciones a los que siguen periodos de descanso y recuperación. Como si la naturaleza nos permitiera tomar aire antes de sumergirnos nuevamente en lo desconocido.

De la concepción a la infancia

Así, podemos ver en la concepción un momento de profunda transformación seguido por un periodo de reposo: los nueve meses de embarazo, durante los cuales el niño crece en un ambiente totalmente resguardado y protegido por la madre. Este niño en vientre no es aún independiente de ella.

Con el nacimiento, viene nuevamente un momento crítico de cambio al desprenderse éste físicamente por primera vez de su madre. Cada nacimiento es único y muy representativo de lo que será a futuro su individualidad. Reflexionaba una madre:

"Cuando di a luz a mi hijo, por poco y no llego al hospital. ¡Todo fue tan rápido! Parecía como si tuviera mucha prisa por llegar, y así ha sido su vida. Cuando era niño, ya quería ser adolescente, cuando era joven, ya quería ser adulto. Toda su vida parece transcurrir a gran velocidad... como su nacimiento."

Pasado el nacimiento, vienen dos años de calma. Aunque al nacer hay una separación física, a nivel emocional la madre y el hijo siguen estrechamente unidos. El bebé se siente uno, no sólo con ella, sino también con su entorno.

Cuando empieza a caminar se aleja de la madre, pero todavía no quiere separarse de ella por mucho tiempo. Prueba su nueva libertad pero con mucha cautela. Se separa, pero regresa inmediatamente corriendo a su regazo, para sentirse seguro. Si es la madre la que se aleja, el niño puede sentirse ansioso y llorar.

El niño entre los dos y los tres años

Alrededor de los 18 meses, el niño tiene el primer vislumbre de individualidad al darse cuenta de que su madre puede sentir algo distinto que él. Cuando se opone a sus deseos y dice "no", experimenta claramente esa separación.

> "Vente a bañar, Toño", le dice la madre a su hijo de dos años. "¡No!", contesta el niño. "¡Cómo de que no, claro que te vas a bañar, ven acá!", le dice la madre tomándolo del brazo.

El niño percibe la reacción de la madre y ve que también él tiene poder; la experiencia le dice, a nivel inconsciente: "¡Puedo contradecir a mi madre! Estoy separado de ella, somos dos personas distintas. Ella quiere una cosa y yo puedo querer otra."

> Elisa, de dos años, está tratando de ponerse el suéter. Con esfuerzo intenta meter el brazo en la manga, cuando su madre entra en la recámara. "A ver, hija, déjame ayudarte." La niña, enojada, le quita la mano y se aparta: "No, mamá, ¡yo solita!"

Cuando Elisa se refiere a sí misma como "yo", se está afirmando como persona, y al decirle "no" a su madre, le está poniendo un límite que por primera vez le permite asumirse como un ser independiente de ella. Todos los padres deberían sentirse muy orgullosos cuando sus hijos dicen "yo solito", pues están claramente tratando de sostenerse sobre sus propios pies.

El niño a los siete años

A la etapa de los dos a los tres años de edad le siguen algunos años de calma en el desarrollo, hasta que entre los seis y los siete se inician nuevos cambios. Aquí empieza lo que me gusta llamar la "primera minipubertad". No es la verdadera pubertad, pero sí un primer vislumbre de ella. El niño muestra cambios físicos notorios: se alargan sus extremidades, le crecen la quijada y la nariz, y pierde su belleza infantil. No crecemos parejos;

antes, pareciera que a la naturaleza le gustara gastarnos bromas, y que ésta fuera una de ellas. Miramos al niño y decimos: "¿Qué le pasó?... ¡si era tan bonito!" Otra cosa muy importante y reveladora de esta edad es el cambio de dientes: el niño pierde su dentadura de leche, aún carente de personalidad, para empezar a adquirir la permanente, que es única y que lo distingue de los demás. Es un reflejo claro de su individualidad.

Al igual que en la verdadera pubertad, estos cambios físicos vienen acompañados de cambios emocionales. El niño tiene ahora nuevas capacidades; puede estar sentado por más tiempo y poner atención en la escuela, puede esperar, tiene mayor conciencia de su persona y su entorno. Este niño quiere y admira a los adultos que lo rodean, y busca aprender de ellos. Es el momento ideal para que entre a la primaria.

El cambio de los nueve años

Después de dos años de calma y cumplidos ya los nueve, el niño pasa por cambios que marcan la "segunda minipubertad", es decir, el segundo destello de lo que será la verdadera pubertad como inicio de la adolescencia. Pero esta transición, como no va acompañada de cambios físicos, suele pasar inadvertida por muchos educadores. Simplemente escuchamos que los niños de tercero y cuarto de primaria son muy rebeldes, volubles e inquietos. En realidad lo que está ocurriendo es que están dejando atrás el mundo mágico de la niñez. Por decirlo de alguna manera, están perdiendo el paraíso terrenal para sentirse de una manera más clara separados de su entorno. Esto es algo muy necesario para que madure su sentido de individualidad, pero les puede producir cierta tristeza y un sentimiento de soledad. Se preguntan: "¿Me quieren, de veras me quieren mis padres? ¿Me querrán mis amigos? ¿Tengo amigos?" También comienzan a hacerse preguntas sobre la muerte:

Me decía un sobrino: "Primero se va a morir mi papá, después mi mamá, luego mi hermana mayor, después la que sigue... y yo voy a quedarme solito." ¡Este niño aún piensa que nos morimos por orden de aparición!

El niño de nueve años puede parecernos también caprichoso, a ratos triste y llorón, en otros momentos enojado y rebelde, y después encantador. Si no entendemos que está pasando por este proceso, nos podemos sentir muy confundidos como padres.

El que se sienta más separado de su entorno quiere decir que también observa con mayor detenimiento a las personas y que empieza a despertarse su sentido crítico:

"Mi mamá es bonita, pero no taaan bonita. La mamá de Sergio, ella sí que está guapa."

"Mi padre es inteligente, pero el otro día se equivocó."

"¡Qué gorda está mi maestra!"

Ese niño que era todo un objeto de admiración para sus padres y maestros está creciendo.

¿Se puede apurar la adolescencia?

Como todas las características del niño de nueve años semejan a la pubertad, muchos padres confunden esta etapa con el inicio de la adolescencia. Así, empiezan a tratarlos como adolescentes dejándolos que se vistan, se peinen y vean películas de adolescentes, y ellos, en consecuencia, adoptan poses y actitudes de mayores. Hay que tener cuidado. Si hacen esto, estarán adelantándose al niño, a quien todavía le faltan algunos años para iniciar esa fase. A los niños que tienen prisa, hay que detenerlos: "Claro que sí vas a ver esa película, pero cuando seas adolescente." Es necesario marcar límites precisos para no volverlos precoces.

Algunas personas tienen la idea equivocada de que si los niños empiezan la adolescencia a una temprana edad, madurarán y serán adultos más pronto. Impulsados por esta vida apresurada en la que participamos todos, para ciertos padres esta ilusión puede parecerles por demás atractiva. Pero esto no es posible. El que promovamos la precocidad en los niños no significa de ninguna manera que madurarán antes. Lo que sí puede ocurrir es que se prolongue la adolescencia, y en vez de que sea niño hasta los 12 años, empieza a vivir simulando ser adolescente desde los nueve. De todas formas, no será un adulto joven sino hasta más o menos los 21 años. Es decir, tendrá una niñez corta y una adolescencia muy larga. La nueva tendencia parece ser despertar al niño lo antes posible y tratarlo como adolescente, cuando lo que aún corresponde a su etapa de desarrollo es seguir siendo niño.

Me pregunto: ¿por qué querer acortar la niñez e iniciar la adolescencia antes de tiempo, en vez de permitir que el niño disfrute de ser niño y que, en su momento, inicie la pubertad? El adolescente prematuro es una caricatura del verdadero adolescente, está jugando un papel que no le corresponde y se desfasa en su crecimiento. Está adelantado a nivel verbal, pues tiene todo tipo de información que puede repetir pero que aún no está listo para digerir a nivel emocional, y aunque imita actitudes y comportamientos de adolescente, su cuerpo aún no presenta los cambios que corresponden al inicio de la pubertad. Este interés por apresurar el desarrollo de los niños se traduce en la precocidad a todos niveles que vemos actualmente en ellos.

Pero ¿qué hacer si las compañeras de su hija ya se maquillan o se visten como adolescentes a los 10 años de edad? Muchas madres temen que sus hijas se sientan desplazadas si no hacen lo mismo. Permítanme ponerles un ejemplo. Si al llevar a su hija a una fiesta usted se encuentra con que todos ya están comiendo pero se entera de que la comida está contaminada, ¿dejaría que su hija la coma por miedo a que se sienta fuera de lugar? Para que no se incomode o se sienta criticada, ¿dejaría que se intoxique? Si decide retirarle el plato, seguramente su hija no estará de acuerdo y protestará. Pero más adelante comprenderá.

Los hijos no quieren ser distintos de sus amigos y en el momento se disgustan con nosotros, pero con el pasar de los años, cuando comprenden que fuimos congruentes con lo que creíamos mejor para ellos, ese enojo se transforma en respeto. No somos responsables de cómo otros padres eduquen a sus hijas, pero sí de cómo guiamos a las nuestras en su proceso de maduración. Ser padre significa desarrollar el valor para atrevernos, cuando es necesario, a ser diferentes. Nos sentiremos incómodos ante los demás, pero tranquilos con nosotros mismos. Al final de cuentas hay que recordar que sólo tenemos que responder ante nuestra propia conciencia.

La pubertad

Si seguimos el desarrollo natural del niño, veremos que, después del cambio de los nueve años, nuevamente habrá un periodo de calma, y tendremos la oportunidad de recuperarnos. Los 10 y 11 años son generalmente tranquilos y nos permitirán tomar aire para estar listos para el siguiente ciclón, pues como decimos en broma: "la tercera es la vencida". Y es que alrededor de los 12 años, para las niñas, y los 13, para los varones, inicia la verdadera pubertad. Aunque hay que agregar que, por las hormonas en los alimentos y la influencia del medio ambiente ya descrito, la pubertad parece estarse acercando a los cambios del niño de 9 y 10 años, como si el periodo entre unas y otros se acortara cada vez más.

La pubertad conlleva marcados cambios físicos, emocionales y mentales, y es el verdadero inicio de la adolescencia. Pareciera como si todos los cambios anteriores hubieran sido sólo ensayos y una preparación para esta etapa crucial del desarrollo.

Cuando presento este proceso de individuación en mis cursos, me gusta hacerlo de bulto, es decir, pido a una pareja que pase al escenario y represente a los padres y yo tomo el lugar del hijo que lentamente, al ir creciendo y pasando por las distintas etapas, se va separando de ellos. Camino lentamente al ir cumpliendo años y me voy alejando. Así se puede apreciar cómo el hijo necesita separarse física y emocionalmente para descubrir su propia individualidad, pues mientras siga unido a los padres ese proceso no acaba de madurar. La adolescencia es el último paso de esa separación, y su rebeldía marca la necesidad del hijo de rechazar a los padres para poder encontrarse a sí mismo.

Recuerdo cuando uno de mis hijos adolescentes me preguntaba: "Mamá, ¿cuál camisa te gusta más, la roja o la verde?"

"La roja me gusta más, hijo", le respondía.

Media hora después lo veía salir con la camisa verde.

En aquel entonces pensaba: "¿Para qué me pregunta, si va a hacer lo contrario?"

Pero ahora comprendo que era precisamente por eso. El mensaje que nos dan los hijos es muy claro:

"Quiero saber qué prefieren mis padres, para elegir lo contrario, porque aunque todavía no descubro quién soy, sí tengo claro que no soy ellos. No soy mis padres. Así que, si ellos prefieren el rojo, yo tengo que escoger el verde."

Pero esta rebeldía a menudo toma por sorpresa a los padres y los confunde. "¿Qué le pasa a mi hija? Era tan linda, dócil y obediente, y ahora todo es discusión y pleito. No está de acuerdo con nada y nos contradice en todo." Aunque sea difícil aceptarlo, esta rebeldía es una señal de que están sanos, pues buscan sus propios valores, sus propios gustos y, finalmente, sus propios caminos.

Le pregunta una madre a otra: "¿Hace tu adolescente alguna vez algo que tú le dices?"

"Ocasionalmente, cuando nadie lo está viendo", contesta la amiga.*

El desprendimiento a todos niveles es necesario para que el hijo encuentre y asuma su propia individualidad. La manera en que se dé esa separación va a depender del temperamento del hijo y también de cómo asuman dichos cambios los padres.

Influencia del temperamento

A lo largo de esta obra, haré mención de cuatro temperamentos: el sanguíneo, el colérico, el melancólico y el flemático, con la finalidad de que se den cuenta de por qué sus hijos reaccionan de diferentes maneras, y sean más comprensivos y tolerantes con ellos. Si quieren profundizar en el tema pueden consultar mi libro *Conoce tu temperamento y mejora tus relaciones*, publicado por esta casa editorial.

Les recuerdo que los temperamentos sólo son "tendencias" y que ninguno es mejor que otro. Todos tenemos algo de los cuatro, pero en diferentes proporciones, aunque generalmente hay uno o dos que predominan. Para fines prácticos, los describiré brevemente:

• *Temperamento sanguíneo*: extrovertido, alegre, ligero, inquieto, simpático, impetuoso, espontáneo, curioso, optimista, adaptable, juvenil, distraído, inconstante, vanidoso, irreflexivo, superficial, oportunista, imprudente, quiere caer bien y le importa "el qué dirán".

• *Temperamento colérico*: extrovertido, enfocado, decidido, valiente, fuerte, claro y directo, perseverante, comprometido, eficiente, visionario, líder, brusco, insensible, enojón, impo-

---

* Adaptado de Bob Phillips, *The Best Ever Book of Good Clean Jokes*, Galahad Books, Nueva Jersey, 1998, p. 117.

sitivo, dominante, controlador, cree tener siempre la razón, intolerante y arrogante.

- *Temperamento melancólico*: introvertido, reflexivo, profundo, sensible, delicado, tímido, detallista, romántico, soñador, servicial, se ofende con facilidad, quejumbroso, se victimiza, exagera las cosas, pesimista, negativo, rencoroso, preocupón y dependiente.

- *Temperamento flemático*: introvertido, tranquilo, sedentario, rutinario, lento, observador, meticuloso, ordenado, leal, veraz, objetivo, paciente, previsor, precavido, ahorrador, comelón y dormilón, inseguro, pasivo, sin iniciativa, callado, fachoso, flojo y apático.

Veamos ahora de qué forma las diferencias de temperamento llegan a influir tanto en el proceso de individuación de los hijos, como en la manera en que se separan de sus padres. Empezaré por describirles dos casos extremos: el hijo con prisa de separarse de los padres y el hijo que no los quiere soltar.

El hijo apresurado

Hay hijos que pareciera que nacen con prisa, como el niño que todo lo quiere hacer solo y que desde pequeño nos dice: "No mamá, no me ayudes, yo puedo solo." Nos quita la mano cuando queremos hacerle las cosas y se enoja cuando interferimos. Este chico parece estar viendo siempre hacia el futuro y se quiere adelantar a su crecimiento. Se enoja cuando le dices que es pequeño y asevera, con énfasis: "¡Yo ya soy grande!" Cuando es bebé quiere ser niño, cuando es niño quiere ser adolescente, y cuando es adolescente quiere ser adulto.

Recuerdo las largas discusiones con uno de mis hijos, a los 13 años, que insistía en que ya tenía la madurez para manejar un automóvil. "Tengo mejores reflejos que tú, mamá, no entiendo por qué no puedo aún manejar." A los 16 me platicaba lo feliz que iba a ser cuando tuviera su propio departamento. Parecería como si alguien empujara a estos niños vivir más rápido, o como si se les estuviera acabando el tiempo. Cuando los demás caminan, ellos quieren correr; cuando otros corren, ellos quieren volar. Desean crecer y desprenderse del hogar lo antes posible para no depender de los demás. Les urge ser adultos para sentirse verdaderamente independientes. Este tipo de niño es por lo general colérico o sanguíneo de temperamento.

El hijo sin prisa

En el otro extremo tenemos a los niños sin prisa alguna. Estos hijos están felices con su madre y padre y no sienten la necesidad de soltarlos, pues con ellos se sienten seguros, protegidos y muy cómodos. Crecen despacio, y a veces, inclusive, tardan en cambiar de dientes, o presentan cambios físicos propios de la pubertad después de sus compañeros. Les gusta depender del adulto, pues se sienten inseguros de afrontar la vida solos. Por eso aceptan gustosos los cuidados y la protección que se les brindan. Estos niños suelen ser de temperamento melancólico o flemático. Aprovecho para relatarles una anécdota:

> Cuando su hermano se fue a estudiar al extranjero, Sandra empezó a decir: "Mamá, no quiero crecer." Su madre empezó a darse cuenta de que, cuando el hermano venía a casa para las vacaciones de verano, ella crecía notablemente de estatura, y de que durante el resto del año el crecimiento era mucho más lento.

En este ejemplo vemos que, para Sandra, el apoyo y la presencia de su hermano eran muy importantes, y que su seguridad dependía en gran parte de él.

Para fines didácticos les presento estas dos circunstancias opuestas, aunque puede ser que sus hijos se encuentren en algún punto intermedio. *El arte de ser buenos padres o educadores es saber detener al que lleva demasiada prisa y empujar al que no quiere soltarnos.* Si no lo detenemos, el niño apresurado corre peligro de lastimarse, pues es como el pajarito que aún no tiene completo su plumaje y ya quiere volar. Hay que retenerlo, pero sin asfixiar sus deseos de libertad, sus anhelos y sueños de crecer y realizarse como ser humano.

En cambio, al hijo que no nos quiere soltar hay que darle un empujón, con cariño pero con firmeza, para ayudarlo a desprenderse y a encontrar su propio camino. Si no lo hacemos, este hijo se quedará atado a nosotros y nunca terminará de madurar. Seguirá por siempre siendo hijo de papá y mamá, aunque se encuentre casado y con su propia familia. Hay que animarlo y apoyarlo para que se independice, enseñándole a valerse y a resolver sus problemas por sí solo. Hay que confiar en él para sembrar así la semilla de la confianza en sí mismo, que le permitirá afrontar la vida con mayor seguridad.

Si tienen varios hijos, sabrán apreciar cómo, de acuerdo con su temperamento, cada uno irá conformando su proceso personal de individuación. Por eso los hijos no son comparables, y lo que es bueno para uno, no lo es necesariamente para el otro. Si queremos educar y tratar a todos de la misma manera, nos encontraremos con graves dificultades. La educación necesita ser personalizada. Si al colérico hay que calmarlo, al flemático hay que despertarlo y azuzarlo. Si al sanguíneo hay que ayudarlo a que se enfoque, al melancólico hay que apoyarlo a valerse por sí mismo. Lo que necesita uno es muy diferente de lo que le hace falta al otro. Por eso no hay recetas cuando se trata de educar a los hijos.

Educar conscientemente significa saber reconocer y responder, desde nuestra intuición y experiencia, a las necesidades individuales de cada uno de nuestros hijos.

Afirmación

☆ *Yo aliento a mi hija a caminar por la vida y la ayudo a crecer segura e independiente.*

Preguntas para reflexionar

1. ¿Cómo fue mi propio proceso de separación? ¿Tenía prisa por soltarme o quería permanecer protegido por mis padres?
2. ¿Cómo ha sido este proceso para cada uno de mis hijos?
3. ¿Cuáles tienen prisa y cuáles quieren seguir dependientes?
4. ¿Con cuáles me siento más cómodo? ¿Los trato igual o tomo en cuenta sus temperamentos?
5. ¿Con cuál me identifico?

Ahora veamos este proceso pero desde el punto de vista de los padres. Al igual que con los hijos, analicemos los dos opuestos: los padres que sueltan a los hijos demasiado rápido y los que no los quieren dejar ir.

Padres que abandonan

Los padres que sueltan demasiado rápido a los hijos suelen ser padres que trabajan o que simplemente están muy ocupados con su propia vida profesional y social, y los hijos parecerían estorbarles. La nueva tendencia de las mujeres de ser primero exitosas profesionalmente para después tener hijos, crea una situación en la que tienen una vida ya tan hecha que no hay espacio para incluir a un pequeño. Sacrificar la vida profesional de la madre y reducir el ingreso familiar para que atienda al hijo, en muchos casos ya no es una opción, y la solución termina siendo dejarlo, desde muy chico, en una guardería o al cuidado de un pariente. La pareja entonces elige no hacer todos los cambios necesarios en sus vidas para adaptarse a la llegada de ese nuevo ser. El que se tiene que acomodar, en consecuencia, a la vida ocupada de sus padres, es el niño. En pocas palabras, tiene que apurarse a crecer pues sabe que los padres esperan que se valga por sí mismo y se independice lo antes posible. Los padres lo tratan como pequeño adulto, pues les impacienta tener que atenderlo. Como decía un tío mío: "A mí denme a un niño cuando cumpla 12 años. Entonces ya es una persona y se puede hablar con él."

Jaime, de seis años, ha terminado preescolar y la madre lo lleva a visitar un colegio nuevo. Después de recorrer las instalaciones y recibir todos los informes, la madre le pregunta: "¿Cómo ves, hijo, te gusta? ¿Te quieres quedar aquí? ¿O prefieres el colegio que visitamos ayer?"

Esta madre le pide a su hijo que elija el colegio que mejor le convenga. Me pregunto, ¿con base en qué va a tomar esta decisión el niño? Quizá fue que le gustó el patio del recreo, porque le parecieron atractivos los adornos de las paredes, o porque encontró simpático algún niño con el que platicó. Todas ellas ¡razones de peso para escoger el lugar donde cursará sus estudios de primaria!

Una directora me comentó que en algunas ocasiones, aunque el niño ya esté registrado, los padres llaman para cancelar su inscripción "porque el niño dijo que no".

En estos casos, los adultos le entregan la responsabilidad al hijo mientras ellos se lavan las manos de la suya. Decisiones de peso en manos de seres inmaduros que aún no tienen ni el juicio ni la experiencia para saber lo que les conviene.

Estos padres apresurados se desprenden con facilidad de los hijos, pues los avientan a la vida, estén listos o no. Acaso los hijos se sientan abandonados, pero pronto sabrán arreglárselas solos y salir adelante. Aprenderán a resolver sus problemas y a no depender de los demás. Esto quiere decir que no les queda más remedio que madurar rápido para cumplir con las expectativas que tienen de ellos.

Nury está cursando el quinto grado de primaria y su grupo ha organizado un día de campo. Cuando la ven llegar agotada y con una mano vendada, la maestra le pregunta qué le sucedió. "Como sabía que mi madre no me iba a despertar y tenía miedo de quedarme dormida, puse el despertador, pero me equivoqué y sonó a las 4:00 a.m. Me levanté y me vestí, y cuando traté de abrir la lata para preparar los frijoles, me corté. No me quise volver a dormir por miedo a no estar a tiempo."

Nury sabe que no puede contar con la ayuda de su madre y que tiene que resolver sola sus problemas. Está aprendiendo a ser autosuficiente porque no le queda de otra, pero saberse sin apoyo desgraciadamente también afecta su autoestima. Por otro lado, esta autosuficiencia la aparta de los demás, pues piensa: "Estoy sola y no necesito de nadie."

En este mismo caso se encuentran los padres que tratan a sus hijos como compañeros, en vez de recordar que son sus hijos.

Una madre le dice orgullosa a su amiga: "Yo tengo una excelente comunicación con mi hija de 11 años. Platico y comparto todo con ella. Por ejemplo, en las mañanas le comento si tuve o no relaciones sexuales con su padre."

Tener una comunicación abierta con nuestros hijos no significa que podemos olvidar nuestro lugar como sus padres. Tratarlos como amigos los desubica, los confunde y los coloca en una situación de abierta desventaja. ¿Qué hijo quiere saber de la vida sexual de sus padres? ¿Y cuál puede ser la motivación de esta madre para compartirla con su hija?

Cuando los padres se divorcian, muchas veces convierten a los hijos en confidentes porque, en su dolor, no resisten la tentación de desahogarse con ellos. El padre siente alivio al compartir sus problemas, pero el precio lo paga el hijo que carga con algo que no le corresponde. Se ve obligado a madurar para poder sostener y apoyar a sus padres.

Aquí también se aprecia la influencia del temperamento. Los niños de temperamento colérico o sanguíneo tendrán menos dificultades para adaptarse a situaciones en que tienen que vérselas solos; en cambio, los de temperamento melancólico o flemático sufrirán, pues necesitan más tiempo para terminar de madurar y requieren de mayor apoyo para independizarse. Se pueden sentir presionados e inseguros sin el respaldo de los padres.

Afirmaciones

☆ *Comprendo que mi hijo, como ser en desarrollo, necesita de mi guía y protección.*

☆ *Yo soy el adulto maduro y con juicio en esta situación.*

☆ *Reconozco tu lugar de hijo y asumo respetuosamente el mío como tu padre.*

Padres sobreprotectores

En el otro extremo tenemos a los padres que no quieren dejar ir a los hijos. Disfrutan estar con ellos y cuidarlos, y no entienden por qué necesitan soltarlos algún día. Estos padres quieren retener al hijo para que se quede siempre a su lado y les cuesta aceptar que está creciendo y madurando. Cuando el hijo es adolescente, lo quieren seguir tratando como niño, y al ser adulto lo quieren seguir viendo como adolescente. Parecen estar continuamente desfasados en relación con su desarrollo. Inconscientemente quieren que permanezca pequeño para que nunca se vaya de casa. Aunque el hijo proteste, lo seguirán llamando por su apodo de niño e insistirán en que para ellos siempre será su "chiquito".

"Madre, no me llames Paquito, soy Francisco", dice el adolescente molesto. "Pues lo siento, hijo, para mí siempre serás Paquito, te guste o no", responde con orgullo la madre.

Estos padres nunca dejan de sentirse responsables de la vida de sus hijos, tengan la edad que tengan. Si los hijos son de temperamento melancólico o flemático, tal vez se sometan y acepten quedarse atados a sus padres, pues al fin y al cabo tiene su ventaja que les resuelvan todo: que les hagan de comer, les laven la ropa y les den casa para vivir sin costo alguno. Estos hijos cumplen con las expectativas de los padres de quedarse a su lado, pero se vuelven inútiles, flojos, sin iniciativa y cobardes frente a la vida. Puede ser que se les dificulte encontrar pareja y casarse, pues les resulta más atractivo quedarse resguardados para siempre en la comodidad del hogar de sus progenitores.

Me gusta decir en broma que, cuando la hija de los padres sobreprotectores les comunica a éstos que se va a casar, la madre le pregunta: "¿Con quién dijiste, hija, que nos vamos a casar?"

Aunque la hija se case, los padres jamás la sueltan. En algunos casos, incluso, vemos que hacen arreglos para que se mude a vivir a la casa de al lado. Así los padres siguen gozando de su presencia y les es fácil también seguir controlando su vida. En otros casos, aunque sí haya una separación física, emocionalmente la liga nunca se corta. El precio que paga este hijo es el de no encontrar su propia individualidad, de quedarse como un reflejo de los padres y de no hacer su propio camino. Seguirá siendo por siempre codependiente e inmaduro.

Hay que comprender que los hijos se quedan atados a los padres como un gesto de amor. Es por amor que el hijo sacrifica su vida y se la entrega a sus padres.

Ester creció en un pueblo donde no había universidad. Ella soñaba con estudiar para recibirse de psicóloga, pero cuando ingresó a la preparatoria, la madre lloraba todos los viernes al pensar en lo mucho que iba a sufrir si su hija la abandonaba para ingresar a la universidad. Cuando Ester terminó la preparatoria no se atrevió a dejarla y se resignó a quedarse a su lado. Pasaron los años y nunca trabajó ni se casó.

Actualmente tiene un problema de obesidad y la relación con la madre se deteriora día con día. Ahora cuando la madre sale con sus amigas, es la hija la que llama para pedirle que regrese pronto a casa.

¿Cómo puede esta madre pagarle a la hija el precio de haberle truncado su vida? ¿Y podrá la hija algún día perdonarse a sí misma por haber cedido? Sólo ellas podrán algún día responder estas preguntas.

Los hijos se quedan por amor con sus padres pero pagan con el resentimiento de no haber logrado hacer sus vidas. Y es también por amor que los padres no sueltan al hijo. El amor del hijo es un amor inocente y leal, el de los padres está contaminado de egoísmo, inseguridad, afán de control y miedo. El hijo se queda al lado de los padres como el pájaro enjaulado que nunca llega a volar. No tiene que hacer esfuerzo alguno para conseguir su alimento, y goza de todos los cuidados, pero paga con su libertad. De igual forma está ahí el hijo para deleite de sus padres, pero conoce el mundo sólo a través de los ojos de estos últimos. ¿Acaso queremos esto para nuestros hijos?

Pero ¿qué pasa cuando los hijos son de temperamento colérico? Pues que les será muy difícil aceptar esta situación. El colérico, cuando no está de acuerdo, pelea enérgicamente, es decir, se rebela y se defiende como mejor puede de estos padres sobreprotectores. Y si no le queda de otra, se escapará o se casará con tal de salir del hogar. Habrá mucha fricción y la relación entre ellos se lastimará, pues los padres, al no comprender su rebeldía, se sentirán muy heridos con su rechazo. Por otro lado, el hijo se colmará de enojo y resentimiento al no sentirse respetado ni tomado en cuenta. Hay que recordar que al colérico no le gusta sentirse controlado y que la rebeldía sana, propia de cualquier adolescente, cuando los padres insisten en seguir tratándolo como niño, se acrecentará. El peligro en estos casos es que, con tal de soltarse, puede caer en situaciones adversas que dañen de por vida la relación entre padres e hijo. Una vez que se aleja, los verá sólo por obligación o cortará para siempre los lazos con ellos.

Afirmaciones

☆ *Me sobrepongo a mis miedos para permitir a mi hijo crecer en libertad.*

☆ *Celebro la libertad de mi hijo para avanzar en la vida.*

Preguntas para reflexionar

1. Si imagino una línea con el padre que abandona en un extremo y el padre sobreprotector en el otro, ¿dónde diría que me encuentro?
2. ¿Quisiera retrasar de alguna manera que dejen mis hijos el hogar y sean independientes?
3. ¿Se quejan de que los trato como "pequeños"? ¿Me niego a ver que están creciendo?
4. ¿Estoy deteniendo a mis hijos por mis propios miedos?
5. ¿Me falta confianza para soltarlos? ¿Confianza en ellos o en la vida?
6. ¿Me parece aburrido o fastidioso tener que cuidarlos? ¿Pienso que estoy perdiendo el tiempo?
7. ¿Pienso que están afectando mi desarrollo profesional?
8. ¿Me estorban y quisiera que crecieran lo antes posible para que yo pueda hacer lo que deseo?
9. ¿Pienso que se aprende a través de los golpes de la vida, y que "entre más pronto aprendan los hijos mejor"?

Ser y pertenecer

Hasta ahora he estado describiendo el proceso a través del cual el niño se va separando de sus padres y de su entorno para ir conformando su individualidad, es decir, el proceso de "ser". Pero al mismo tiempo está ocurriendo otro movimiento que parece dirigirse en sentido contrario: el impulso de unirse a su entorno. Me refiero al proceso de "pertenecer". En realidad, debería de escribirse con "s" en vez de "c", "pertene-ser". Pertenecer significa "ser parte de", "sentirse unido a". Como seres sociales que somos, pertenecer es una de nuestras necesidades básicas. A través de este movimiento buscamos nuestro lugar para participar, cooperar y contribuir en el mundo.

Este impulso por buscar la unión forma parte de nuestro ADN. Partimos del mundo espiritual, en donde somos parte del Todo, y encarnamos como seres humanos. Al nacer tenemos necesidad de vincularnos con nuestra madre y ser parte de la familia, pero poco a poco sentimos también la urgencia de separarnos de ellos para conformar e integrar nuestra individualidad. Una vez maduros e independientes, buscamos nuevamente la unión. Este deseo es claramente ejemplificado en la relación amorosa, que viene a ser una expresión de nuestra necesidad de completarnos, un anhelo inconsciente de regresar a la unión que teníamos en el mundo espiritual. En resumen, nos separamos para conformar nuestra individualidad y, una vez que estamos integrados como seres independientes, buscamos la "comunión".

Pero veamos con mayor detalle este proceso de pertenecer. Se inicia al nacer y se desarrolla lentamente. Si observamos al bebé, diríamos que su mundo entero casi se reduce a una persona, la madre. Con ella establece su vinculación primaria y, como expliqué, está totalmente identificado con ella en el proceso de individuación. Los primeros 18 meses esa liga es tan completa que parece no sentir separación alguna. Durante toda la primera etapa de su vida, hasta los siete años, su vinculación principal seguirá siendo con ella, que representa el mundo femenino, ese mundo que nos envuelve, protege y nutre; ese mundo que nos ofrece una seguridad completa, donde podemos disfrutar del amor incondicional.

"Mi madre me quiere sobre todas las cosas. Yo soy todo para ella. Cuando estoy con ella nada malo me puede suceder."

En estos años el padre tiene un papel importante también en su vida, pero, a menos de que sea él el que se ocupe totalmente del niño, su lugar es secundario.

Entre los siete y ocho años vemos un cambio: ahora su atención se dirige al padre, que representa al mundo masculino, el mundo de la acción y del trabajo. En esta etapa la madre, que anteriormente era la vinculación primaria, pasa a un lugar secundario, mientras que el padre ocupa la posición primaria. Observamos cómo, tanto el hijo como la hija, quieren ahora jugar con él y acompañarlo a todos lados. Recuerdo la siguiente anécdota de uno de mis hijos:

"Papá, quiero verte trabajar", le dijo sonriente y entusiasmado mi hijo un sábado, y se dispuso a acompañarlo a la oficina. Se sentó frente a su escritorio mientras mi esposo, que vende bienes raíces, llamaba a sus clientes. Cuando regresó mi hijo, lo noté algo fastidiado.

"¿Cómo te fue?" le pregunté.

"Me aburrí, no hace nada más que hablar", contestó mi hijo.

Para un niño, esto puede ser decepcionante; él esperaba más acción que ¡ver a su padre en el teléfono! Ésta es una buena edad para que el niño entre en contacto con todo tipo de oficios, que visite al panadero, al herrero, al policía, a los bomberos, etcétera. Necesitan ver acción, movimiento, conectarse con "hacer", que es lo que ellos realmente interpretan como "trabajar".

En las noches, el niño de esta edad espera ansiosamente la llegada del padre para que lo acompañe a acostarse: "No, contigo no, mamá, ¡quiero a papá!"

Es así como el mundo del niño y la niña se va ampliando poco a poco. Aunque siguen interesados en el padre, alrededor de los nueve y 10 años los amigos empiezan a ser cada vez más importantes. En la pubertad y la adolescencia, pertenecer al grupo de los compañeros se convierte en su mayor prioridad. El mundo del joven, conforme éste madura, se va extendiendo para incluir a la comunidad, hasta que como adulto joven se convierte en ciudadano del mundo. Gracias a los medios de comunicación, este sentido global empieza a despertarse a una edad cada vez más temprana.

Si queremos darnos una idea más clara de este proceso de pertenecer, imaginémoslo como un movimiento en forma de abanico que, al abrirse, se vuelve cada vez más amplio.

El abanico empieza a abrirse debido a la relación estrecha con la madre, el padre y la familia, para después seguirse abriendo e incluir a los amigos y a la comunidad, luego a la sociedad, al país, al mundo y, por último, ya completamente abierto, al universo entero.

Los padres en el proceso de pertenecer de los hijos

Cuando la mujer disfruta de su maternidad, de ser la que nutre, cuida y provee al hijo, puede resultarle difícil cuando éste haga la transición hacia el padre. Ella quiere seguir siendo el vínculo primordial y no entiende el cambio de interés en el niño. Se sentirá quizás abandonada, rechazada y deprimida cuando el hijo, que antes todo lo hacía con ella, ahora la reemplaza por el padre.

> "¿Cómo que no quieres que yo te acueste? Siempre te he acostado yo, ¡y nunca te habías quejado!"
> "¡No seas necio! ¡No vamos a esperar a tu padre! Yo te voy a llevar al club."

Si la madre no entiende que este cambio es una parte necesaria del desarrollo del hijo, llegará a sentir celos, frustración y resentimiento. El niño, por su parte, aunque no entiende el sufrimiento de la madre, sí se siente culpable al verla molesta y triste. La necesidad emocional de la madre de seguir siendo indispensable se contrapone con la necesidad del hijo de incluir al padre para ampliar su mundo.

Pero, ¿qué ocurre cuando el padre está cómodo en su papel secundario y se siente desconcertado cuando ahora el hijo quiere que juegue el papel principal? Este padre se puede sentir atosigado por el hijo que a todos lados lo sigue y ahora quiere estar siempre con él. Si no se da cuenta de que busca relacionarse de una manera más profunda para entrar en contacto con el mundo masculino, lo sentirá como un estorbo. El padre, que no se adapta a este cambio en el crecimiento del hijo porque no entiende su necesidad emocional, puede terminar rechazándolo.

"Vete con tu madre, ella es la que se ocupa de ti."

"No, no puedes acompañarme; tengo mucho trabajo y te vas a aburrir. Quédate con tu madre."

"Ya déjame en paz, ¿por qué me sigues a todos lados?"

Para el hijo, el padre es su dios, que todo lo sabe y todo lo puede. Cuando el padre lo rechaza, el hijo asume la culpa y la traduce como indicador de su propia falta de valor y merecimiento. El rechazo del padre termina convirtiéndose en vergüenza personal para el hijo y en una herida para su autoestima. El niño llegará a cualquiera de las siguientes conclusiones, aunque sea de manera inconsciente:

"Mi padre es lo más importante para mí, y no me quiere."

"Si mi padre, que es mi dios y por lo tanto no puede equivocarse, no quiere estar conmigo, es por que yo estoy mal."

"Soy una decepción para mi padre; por eso no quiere estar conmigo."

"Si me rechaza es porque debo ser defectuoso. No soy lo suficientemente bueno para él."

Imaginemos a un hombre en un trapecio. Está meciéndose y a punto de soltar a su compañera que lo sostiene, para lanzarse y ser recibido por el otro trapecista que se columpia frente a él. Necesita tener el valor para aventarse al vacío y confianza en que el otro lo atrapará. Esto le ocurre al niño cuando suelta a su madre y abandona su mundo seguro que lo nutre y protege con la esperanza de ser recibido por el padre. En las culturas primitivas había una red de seguridad que le salvaba la vida al joven en caso de que el padre fallara. Esa red era la comunidad de hombres que apoyaba al joven en ese proceso de iniciación al mundo masculino. Pero en nuestras culturas modernas, ¡ya no hay red! Si el padre no lo recibe no hay comunidad que lo respalde. El muchacho se encuentra solo, y entonces se apoya en sus amigos, que están igual de desorientados que él. Es el caso del "ciego guiando al ciego."

El hijo necesita que, cuando la madre amorosamente lo suelte, el padre lo reciba con los brazos abiertos. Esto permite que el niño haga la transición de dejar el maravilloso mundo femenino, ese capullo de amor incondicional, de nutrición y completa protección, para ingresar al mundo masculino, el mundo de la acción, la competencia y el riesgo. La relación con la madre y después con el padre le ofrece al hijo la posibilidad de conocer dos mundos distintos que se complementan y completan.

Para permitir que el hijo, al inicio de la pubertad, avance en su proceso de pertenecer, ambos padres tienen que dar un paso atrás. El nuevo grupo de amigos ahora reclaman su atención y necesita sentirse aceptado por ellos. Esto significa vestirse, hablar y comportarse como lo aprueba el grupo. Cuando los padres se resisten a dejar que el hijo haga este cambio, él se siente jalado en dos direcciones opuestas. Quiere a sus padres y le duele verlos contrariados, pero internamente reconoce el impulso que lo llama a soltarlos para pertenecer, en un sentido más amplio, y así seguir creciendo y madurando.

El verdadero amor por nuestros hijos tiene que querer lo mejor para ellos: verlos maduros e independientes, felices de ser ellos mismos y responsables de su vida. Cuando los dejamos ir con ese amor libre de egoísmos, cosechamos una relación de cariño para toda la vida. Cuando dejamos que el proceso de individuación y el de pertenecer fluyan, el hijo regresa a buscarnos como adulto maduro, no por obligación, sino para gozar de nuestra presencia. ¿Qué más podemos desear de ellos?

Afirmación

☆ *Confío en la vida y confío en la capacidad de mi hijo para aprender y madurar.*

La paradoja de ser y pertenecer

Nuestra tarea como seres humanos es doble; por un lado, desarrollar y conformar nuestra individualidad, aquello que nos distingue y separa de los demás, lo que nos hace únicos, y, por el otro, pertenecer, es decir, aprender a ser parte de y contribuir a nuestro medio social. Y esta es la paradoja: ¿cómo puedo pertenecer sin perder mi individualidad? Por que es fácil conservar mi individualidad si no pertenezco, es decir, si me aparto o tengo poco contacto con otros. Si el colérico individualista exige que los demás siempre se adapten a sus deseos, y el introvertido melancólico o flemático se aparta, ambos conservarán su individualidad pero no pertenecerán. Aquí vemos cómo el ermitaño y el dictador son los reyes.

Por otro lado, es fácil pertenecer si sacrifico mi individualidad. El sanguíneo complaciente, que quiere dar gusto a todos, que se convierte en camaleón con tal de caer bien, no tiene problemas de pertenencia pero sí de individualidad, pues se siente parte de todo y de todos. El que siempre quiere quedar bien con los demás termina por olvidar sus propias necesidades y sus preferencias personales. Se pierde en la relación al vivir siempre en simpatía con todos.

Las mujeres y el hecho de pertenecer

Las mujeres especialmente tenemos dificultad para conservar nuestra individualidad cuando convivimos en familia o en el trabajo. Por siglos hemos sido educadas a tomar en cuenta a otros y a sacrificar nuestros deseos en aras de los demás. De esta forma nos sometemos para evitar el conflicto y nos agachamos para conservar la relación. Creemos que para ser queridas y apreciadas tenemos que pagar el precio de hacernos a un lado. A nuestro sacrificio le ponemos distintos nombres: lo llamamos ser "serviciales, cariñosas, condescendientes, amables, femeninas", etcétera. Pero cuando ignoramos nuestras necesidades y preferencias, cuando perdemos nuestra "voz", una parte dentro de nosotras queda resentida y, como una herida, empieza a supurar. Entonces culpamos a los demás por nuestra abnegación y sacrificio, y exigimos pago retroactivo con intereses, es decir, nos cobramos, sin darnos cuenta de que sólo nosotras hemos sido responsables de nuestra situación. Nos hemos creado una realidad muy desagradable al menospreciarnos ignorando nuestros anhelos, deseos y necesidades.

Rebeca se encuentra a su amiga de la infancia. "Vaya, qué gusto volver a verte Olivia. ¿Qué ha sido de tu vida?"

"Pues creo que ningún cambio desde que nos encontramos hace ya varios años. Excepto que ya se casaron mis dos hijos y viven en el extranjero."

Algo perpleja, Rebeca comenta: "Pero creo recordar que la última vez que platicamos estabas muy entusiasmada por el ofrecimiento que tenías para trabajar en una oficina de contadores."

"Así es", suspira Olivia, "pero Alejandro no me dejó. Dijo que iba a descuidar la casa y que no teníamos necesidad."

"Bueno, él no tendrá necesidad, pero a ti te haría mucho bien. Sin los hijos debes estar bastante sola y aburrida. Te quejabas de que él viaja mucho por su trabajo y llega siempre bastante tarde."

"Sí, pero qué le vamos a hacer", replica Olivia con cara resignada. Tratando de cambiar el tema, agrega: "Pero tú te ves muy bien, mejor platiquemos de ti."

Estamos en posibilidad de educar a nuestras hijas de manera distinta para acabar por siempre con esos patrones limitantes que hemos heredado. Podemos enseñarles a tomar en cuenta a otros, es decir, a pertenecer, pero sin olvidar sus propias necesidades.

"Mamá, Roberto quiere ir al cine pero no me siento bien. Me ha dolido la cabeza todo el día, pero si le digo que no, se va a enojar."

"Pues tendrá dos trabajos, hija; enojarse y contentarse. Tu primera obligación es cuidar de ti misma y estar bien. Si realmente le interesas a tu novio, tu bienestar tiene que ser importante para él."

Tenemos la obligación de cortar esta cadena de maltrato hacia las mujeres para que nuestras hijas crezcan sanas, asertivas y con confianza en sí mismas; que sean capaces de tomar la responsabilidad de sus vidas en sus manos, en vez de quedarse amargadas, resentidas o por siempre dependientes. Tenemos que ayudarlas para que logren el equilibrio interno que les permita poner límites que protejan su integridad.

Por otro lado, cuando la mujer busca la igualdad con el hombre y para ello sacrifica su parte femenina, su instinto materno y su intuición, en pos de su realización personal, pero a expensas del abandono de los hijos, el resultado es que se siente culpable. Los hijos entonces crecen abandonados tanto por el padre como por la madre en una sociedad que no ofrece apoyo ni dirección.

Revisemos el ejemplo que le estamos dando a nuestros hijos. Para esto les recomiendo revisar las siguientes preguntas (y si sospechan estar contagiados de la "enfermedad de complacer", les recomiendo la lectura del libro de Harriet Braiker *La enfermedad de complacer a los demás*):

Preguntas para reflexionar

1. ¿Educo de distinta manera a mis hijos que a mis hijas? ¿Les concedo diferentes privilegios? ¿Tengo prejuicios sexuales?
2. ¿Permito el abuso entre ellos? ¿Soy parcial o sobreprotectora con los varones o con las mujeres?
3. ¿Considero que mis necesidades y preferencias son importantes? ¿Las expreso de manera clara y abierta para que sean tomadas en cuenta?
4. ¿Pienso que las necesidades de los demás en la familia anteceden a las mías? Cuando le doy preferencia a mis necesidades o deseos, ¿me siento egoísta y culpable?
5. ¿Necesito exigir y pelear para que mis familiares me tomen en cuenta? ¿Me siento con frecuencia resentida con ellos por ignorarme?
6. ¿Me siento muchas veces triste o deprimida porque no aprecian todo lo que hago por ellos? ¿Me quejo continuamente?
7. ¿Estoy constantemente cansada y abrumada de trabajo? ¿Nunca tengo tiempo para divertirme o darme gusto? ¿Por qué?
8. ¿El bienestar de mi pareja y mi familia dependen de mí? ¿Me siento indispensable?
9. ¿Diría que con frecuencia sacrifico mis gustos para complacer a los demás? ¿Tengo la enfermedad de complacer?
10. ¿Cuando estoy con otros, especialmente con mi pareja, tomo en cuenta mis necesidades, o cedo para evitar conflictos? ¿Mi pareja me toma en cuenta?

Los hombres y el hecho de pertenecer

Por otro lado, los hombres tienen sus propias dificultades. En las sociedades primitivas los hijos varones, al cumplir los siete años de edad, eran retirados de sus madres para pasar a formar parte de la comunidad masculina. Desde ese momento el padre, apoyado por la comunidad de hombres, se encargaba de su educación.

Pero a partir de la Revolución industrial el padre fue desterrado de la familia y dejó de ser educador de sus hijos para convertirse únicamente en proveedor económico. Los hijos empezaron a crecer sin una guía masculina y el padre por su parte olvidó que tenía algo importante que aportar al núcleo familiar. Como atinadamente dicen Don y Jeanne Elium en su libro *Raising a Son*:

Cuando los hombres se reúnen en grupo para trabajar sus sentimientos, la emoción detrás del enojo es de duelo. El hombre de la era tecnológica carga en el alma el duelo de todos los hombres de todas las épocas por haber perdido su conexión con la naturaleza, por haber sacrificado su profundidad emocional y por la pérdida de su intimidad e involucramiento con la familia.*

Los hombres en la actualidad corren el peligro de pensar que pertenecer a la familia significa solamente ser proveedores, es decir, que con sólo aportar dinero para sostener el hogar queda cubierta su participación. El hombre desarrolla ampliamente su sentido de individualidad en el trabajo pero descuida las relaciones personales con la pareja y los hijos. En tales casos olvidan que pertenecer implica estar, compartir y participar en la convivencia diaria con la familia.

Joaquín llega a casa después de un día de trabajo. Su hijo Flavio corre a saludarlo. "Papá, ¿vamos a ir a jugar fútbol al parque? ¿Te acuerdas que me lo prometiste?" El padre deja su portafolio y sin voltear a verlo le contesta: "Hoy no, hijo, vengo muy cansado. Pero le voy a dar dinero a tu madre para que te compre la playera de fútbol que querías."

---

* Jeanne y Don Elium, *Raising a Son*, Celestial Arts, Berkeley, 1996, p. 60.

En la sociedad actual estamos viendo dos panoramas distintos. Por un lado, familias en que las madres se encuentran agobiadas con la responsabilidad de educar solas a sus hijos, y los hombres permanecen apartados y en crisis, lo que se refleja en un incremento alarmante de violencia. Pero, por el otro, en los casos en que ambos padres trabajan, también vemos cómo el padre nuevamente empieza a compartir con la esposa el cuidado de los hijos. Si hay algo positivo en esta situación, es el hecho de que los hombres se estén interesando y apoyen a las mujeres en la educación de los hijos.

Resulta evidente que necesitamos volver a incluir al padre dentro de la familia para que retome su lugar y sirva de guía, especialmente entre los hijos varones, para que éstos encuentren el verdadero sentido de su masculinidad.

Preguntas para reflexionar

1. ¿Me fastidia tener que atender a mi pareja y mis hijos cuando llego de trabajar? ¿Quisiera que me dejaran solo?
2. Si mi esposa no trabaja, ¿me siento presionado y quizá hasta resentido por cargar solo con el peso económico de la casa?
3. ¿Quisiera compartir y jugar con mi hijo, pero no sé cómo?
4. ¿Me siento inadecuado para atenderlo?
5. ¿Trato de compensar mi falta de relación comprándole lo que quiere?
6. ¿Considero que con sólo proveer económicamente a la familia cumplo con mi obligación de promover su bienestar?
7. ¿Qué significa, en toda la extensión de la palabra, ser hombre y ser mujer? ¿Cómo podemos coexistir las mujeres y los hombres en una relación de igualdad y verdadero aprecio el uno por el otro?
8. ¿Cómo puede la sociedad ayudar tanto al padre como a la madre para que se realicen profesionalmente sin abandonar a los hijos?

9. ¿Cómo podemos lograr un equilibrio en que se atiendan las necesidades de los hijos, las de la relación de pareja y las individuales de cada ser humano?

Ser y pertenecer en la familia

Si revisamos este tema en relación con la familia, veremos que en los países menos avanzados la familia como estructura social es muy fuerte. Sus miembros tienen un sentido claro de pertenencia y el apellido tiene peso. El hijo desde pequeño siente su obligación como parte de este núcleo, y responde a las necesidades de los demás: sabe qué se espera de él y responde a las responsabilidades y deseos de la familia, que tienen mayor peso que los propios. La familia se consolida por encima de las necesidades individuales de cada miembro, y se apoya el proceso de pertenencia en detrimento muchas veces del de la individualidad.

En cambio, en los países más avanzados, el sentido de individualidad prevalece sobre el de pertenencia a la familia. Los padres están ambos enfocados en su realización personal y profesional, y dan menor importancia a la convivencia familiar. Al niño se le apoya desde pequeño para que desarrolle su individualidad, pero no siempre se le enseña a pertenecer. Es decir, es muy asertivo para lo que quiere, pero poco tolerante y respetuoso hacia las necesidades de los demás. Cada miembro tiene su propio horario, y en muchas familias comen y duermen a distintas horas. A veces, cada uno cena viendo en su recámara su programa favorito de televisión. Los adolescentes sólo llegan a dormir y cruzan un mínimo de palabras con sus padres. Cada uno se afirma en su persona, pero tiene poco contacto con los demás. Los padres a menudo desconocen lo que hacen los hijos fuera de casa, a menos que tengan que resolver algún problema grave de drogas o delincuencia.

Observando estos dos extremos, me pregunto, ¿es posible convivir en familia y al mismo tiempo desarrollar una identidad fuerte y definida? Porque en el primer caso se crean individuos serviles y sometidos, mientras que, en el segundo, personas egoístas y solitarias. ¿Cómo podemos apoyar a cada miembro de la familia para que conserve un sentido claro de su individualidad y, al mismo tiempo, enseñarle a participar y cooperar con las necesidades de los demás? Porque pertenecer implica respeto, cortesía y tolerancia.

No es fácil lograr este equilibrio entre ser y pertenecer, pero estoy convencida de que ésta es nuestra tarea como seres humanos. Pues aunque son dos movimientos aparentemente contrarios, con conciencia podemos tratar de vivir en equilibrio pasando de uno al otro. Tenemos que aprender a vivir en comunidad, tomándonos en cuenta el uno al otro, pero sin dejar de afirmarnos como personas. Es decir:

> Honro mi ser, pero también trato de honrar el tuyo. Busco la unidad pero sin perder o sacrificar mi propia esencia. Es así como puedo relacionarme sin peligro de someterme.

Conclusión

Si realmente queremos lo mejor para nuestros hijos, debemos apoyarlos en este doble proceso de ser y pertenecer. Para que puedan ser, tenemos que soltarlos poco a poco, por doloroso que sea, para que encuentren su propia individualidad y su propio camino en la vida. Soltar poco a poco significa tomar en cuenta las necesidades de cada hijo, para saber dónde están en su desarrollo y cuánta libertad podemos darles. Como veremos en los siguientes capítulos, a mayor madurez corresponde mayor libertad con responsabilidad. Sólo los padres sabremos medir lo que cada hijo está listo para manejar.

Al mismo tiempo, tenemos que enseñar a nuestros hijos a pertenecer. A ser parte, primero, de la familia; después, de la sociedad, y por último, del mundo entero. Enseñarles a relacionarse, respetándose a sí mismos al mismo tiempo que toman en cuenta a los demás; que puedan relacionarse sin perderse en la relación; que sepan convivir, cooperar y participar de manera responsable.

Nuestra tarea es dejarlos ir, al mismo tiempo que conservamos vivo el vínculo de una relación respetuosa; es ayudarlos a iniciarse en la vida, para que una vez convertidos en adultos jóvenes tomen completa responsabilidad de ella. Podemos con orgullo sentir la satisfacción de saber que hemos contribuido a la formación de este ser humano, porque no hay mayor placer que el de ver a nuestros hijos convertidos en adultos contentos y satisfechos con sus vidas, seguros y deseosos de salir adelante, interesados en el mundo y llenos de entusiasmo por vivir.

capítulo 2

"¿Qué me está pasando? ¡No reconozco mi cuerpo!"

Cambios físicos en la adolescencia

Imaginemos por un momento a una chica de 12 años que observa su cuerpo frente al espejo y se pregunta:

"¿Cómo iré a quedar? Me crecerán los senos como a mi tía Berta, o me quedaré plana como mi madre?"

O al joven que al bañarse piensa:

"Está bien que ya no me confundan con mi hermana por teléfono, pero ¿qué son estas cosas horribles, estos barros que me están saliendo en la cara?"

O al muchacho que reflexiona rumbo al gimnasio:

"Dice mi amigo Pedro que si me cuelgo de la barra en el gimnasio puedo crecer varios centímetros. No quiero ser chaparro como mi padre."

Vivir en la incertidumbre de cómo finalmente quedará nuestro cuerpo ¡debe ser muy inquietante! Y más en una época en la que se le da tanta importancia al físico y la vanidad ha dejado de ser defecto para convertirse en cualidad. La publicidad, que nos muestra constantemente a mujeres y hombres con figuras y caras perfectas, nos crea la ilusión, no sólo de que es posible parecernos a ellos, sino de que es nuestra obligación. Esta influencia toca a todas las edades, pues envejecer se ha convertido en algo bochornoso que hay que tratar de evitar. Pero para el niño que empieza a transformarse en adolescente, esta presión a veces resulta abrumadora.

En qué momento empezó a ser tan importante nuestra apariencia física, no lo sé. Pero ciertamente el amor a lo bello, a lo estético, siempre ha existido. Sin embargo, en las últimas décadas estos parámetros de belleza se han ido condicionando por la mercadotecnia. Hace 30 años las adolescentes delgadas eran rechazadas y consideradas como mal alimentadas y "feas", mientras que ahora, entre más delgadas sean, más atractivas y deseables nos parecen.

Pero, ¿cuándo empezamos a confundir la apariencia con la esencia de las personas? ¿Cuándo empezó a ser más importante la primera? Como quien recibe un regalo y encuentra más atrayente la envoltura que el contenido, les transmitimos a nuestros hijos, muchas veces sin palabras, que lo más importante es su físico y que lo demás es sólo una añadidura. Que si no son atractivos, no valen. Cuando una sociedad como la nuestra tiene problemas graves de anorexia, bulimia y obesidad —todos problemas de comer—, tenemos que preguntarnos por qué. Dejar de nutrir, o alimentar de más, nuestro cuerpo es, por supuesto, representativo de lo que ocurre a nivel emocional. La ansiedad y el miedo a no sentirnos queridos o aceptados se manifiesta en esas compulsiones, y algunos, al comer, tratan de compensar esas carencias emocionales.

"Mi hija Sonia es muy linda. Tiene 14 años y está en pleno desarrollo. A pesar de que constantemente le digo lo hermosa que es y cuánto la queremos, ella se siente fea e inadecuada. Insiste en que es una desgracia que hubiera heredado la nariz de su padre, que es demasiado larga, que su pelo es demasiado rizado, que no tiene suficiente cintura, que sus pies están muy grandes… en fin, nada de su persona le parece gustar. Se está continuamente comparando con otra de sus compañeras y nunca parece contenta. Estoy asustada porque de regalo de 15 años ¡quiere cirugía!"

Como el atleta que trata de cargar más de lo que su cuerpo está preparado para soportar, nuestros hijos se pueden doblar bajo el peso de las exigencias y expectativas de nuestra sociedad. El que tengamos que conformarnos a la estrecha idea de belleza de un grupo reducido de diseñadores y publicistas, cancela la posibilidad de que un elevado porcentaje de la población logre identificarse. Si las mujeres deben ser altas, delgadas, pero con senos bien formados y sin caderas pronunciadas, con facciones angulosas pero sin imperfecciones ni arrugas, entonces la mayoría de las mujeres latinas ¡quedan eliminadas! ¿Y qué decir de los hombres que deben ser altos, musculosos, bien parecidos y muy varoniles?

El problema es que esta influencia es muy fuerte, aunque la manera en que se va infiltrando es muy sutil. Estamos tan apurados con nuestras vidas aceleradas que no nos tomamos el tiempo para detenernos y revisar lo que la publicidad nos está, día con día, procurando. Como al bebé que distraemos para meterle en la boca una cucharada de puré de espinacas –que sabemos que odia–, los medios de comunicación nos alimentan, mientras corremos para llegar a tiempo a nuestra siguiente cita, con imágenes de seres "perfectos" pero inexistentes: aparecen en los anuncios, comerciales, programas, películas del cine y la televisión, mientras distraídamente tratamos de entretenernos y descansar de nuestros problemas cotidianos. Hollywood se ha encargado de que sus actrices amanezcan siempre sonrientes, peinadas, con el maquillaje impecable y seguramente con un aliento mentolado.

Esto me recuerda a una tía que me recomendó, cuando me iba a casar, que me acostara en la noche siempre sin quitarme el maquillaje para que mi esposo nunca me viera despintada. ¡Ummh! Es decir, que nunca me conociera realmente. ¡Que consejo tan halagador! Lo que siempre me pregunté fue ¿cómo amanecería mi tía? Seguramente se levantaba rápidamente siempre antes que mi tío para no ser descubierta, y corría al baño a recuperar la belleza perdida.

La publicidad también ejerce su delicada influencia a través de los carteles de publicidad, que vemos "sin ver" cuando manejamos por la ciudad, y de las revistas que hojeamos en nuestros momentos de ocio. No nos percatamos de su efecto hasta que un día nos vemos en el espejo y no nos gustamos. Pensamos que deberíamos ser diferentes:

"Mi piel está arrugada y deshidratada, quizás debería comprar esa crema que ví anunciada... ¡Ay!, ¿será esto celulitis? Escuché que es un problema muy grave de la piel, pero se puede aminorar con un gel especial que debo aplicarme diariamente en forma circular... aunque la solución definitiva es la cirugía... ¡tengo que ahorrar!... Y ¡Dios mío, qué abdomen!... creo que me ayudaría una faja que me recomendaron..."

En pocas palabras, ¡necesitamos hojalatería completa! La publicidad ha ganado la batalla. Estamos deformes y desgastados, y requerimos de atención inmediata, so pena de que la gravedad acabe con nosotros. Como decía una vedette:

"Yo tengo lo mismo que hace 20 años, nada más que un poco más abajo."

Ahora pensemos en el impacto que esta publicidad tiene en seres que nacen y crecen bajo este bombardeo constante de imágenes de mujeres y hombres perfectos. Éstas han ido penetrando lentamente, día con día, en su subconsciente —que, sobra decir, no tiene la posibilidad de cuestionar, juzgar o desechar lo que recibe—. El subconsciente simplemente absorbe y almacena lo que vemos y experimentamos. Conforme esta niña y este niño crecen y comienzan a transformarse en jóvenes, emerge este concepto de hombre o mujer que ha estado latente en su subconsciente. No entienden por qué, pero saben que deben conformarse a esa imagen. Cuando no lo logran, se sienten frustrados y avergonzados.

Decía una adolescente al hojear un catálogo de modas: "Quisiera poder encargar los cuerpos, no la ropa."

Las expectativas de los padres

A este escenario agreguemos el papel importante que, en relación con el físico del hijo, juegan las expectativas de los padres, quienes, si éstas no se cumplieron en la niñez, pueden ver en la adolescencia una última oportunidad. Si en esta etapa tampoco se realizan sus sueños, se pueden sentir muy frustrados. Se dan cuenta de que esa hija que querían que fuera modelo, no va a bajar de peso. Que el hijo que esperaban que fuera alto, no sólo no lo es, sino que se encorva. Esa frustración podría transformarse en crítica o rechazo, que a su vez provoca resentimiento en el hijo, pues él se ve a sí mismo a través de los ojos de sus padres y sufre cuando se da cuenta de que no es lo que ellos esperaban.

> La madre le dice con tono impaciente a la hija que se dispone a salir con sus amigas:
>
> "Hija, hay mujeres que no son bonitas pero sí guapas, como tu amiga Sofía. Si sólo pusieras un poco de empeño en arreglarte…"

La hija percibe las expectativas frustradas de la madre y se siente impotente ante su decepción. Al sentirse rechazada por su físico llegará a pensar, aunque sea en forma inconsciente:

> "Si no soy lo suficientemente atractiva para mi madre, entonces ¿para quién puedo serlo?"

Es así como pierde interés en tratar de mejorar su aspecto. De acuerdo con su temperamento, reaccionará cayendo en la dejadez y el abandono o rebelándose ante los gustos de los padres. Entre más conservadores sean ellos, más alocada la hija.

> "Qué horror. Tienes perforaciones por todo el cuerpo, ¡ya pareces coladera! En el ombligo, el labio y ahora la ceja. No puedo creer que pienses que te ves bien así. ¡Nada más nos falta que te tatúes!"

Los padres acaban de darle a su hija una excelente idea. De seguro se tatuará solamente para molestarlos.

"¿Ya viste cómo está vestida tu hija?", comenta furibundo el padre a la madre que lee tranquilamente una revista en la sala. "Parece mujer de la calle. Dile que se pinte menos y se cambie de falda, ¡o no sale!"

El padre como representante del mundo masculino

Olvidamos que en la relación frente a los hijos somos como un microcosmos. Es decir, el padre y la madre son más que sus progenitores, pues representan tanto el mundo femenino como el masculino. Al ser rechazada una hija por su padre, ella se siente también rechazada por todo lo que él representa: el mundo de los hombres. Por eso su rechazo la lastima tanto.

El padre le dice a su hija adolescente: "Te quiero en casa a las 11:00 de la noche."

La hija protesta: "Papá, pero ¡ya no soy una niña!"

El padre responde: "Precisamente por eso te quiero a las 11:00." *

¿Qué le pasa al padre cuando su hija empieza a ser sexualmente atractiva? Si el padre la juzga y la desvaloriza diciéndole que parece una mujer de la calle, ella corre el riesgo de llegar a sentir miedo de su propia sexualidad. Entonces responderá de diferentes maneras: o se la cree y, al sentirse impotente para suscitar el amor del padre, buscará la intimidad y contacto de otros hombres, con el peligro de volverse promiscua y confirmar así la visión del padre; o, por el contrario, cierra su sexualidad ante ella misma y el mundo.

---

* Tomado de Bob Phillips, *The World's All-Time Best Collection of Good Clean Jokes*, Galahad Books, Nueva York, 1996, p. 298.

"Me gustaría ser alta y delgada como mi hermana, para darle gusto a mi padre. Pero entre más trato de ponerme a dieta, parece que más hambre tengo y más como. Ningún hombre se puede interesar en mí, porque estoy gorda."

Es decir, si no soy atractiva para mi padre, no debo serlo para ningún hombre. Esta muchacha se desalienta al sentirse fea. En consecuencia, puede cohibirse cuando está con jóvenes de su edad. El resultado es que, efectivamente, ningún muchacho se le acerca y ella así confirma su sentimiento de inadecuación.

La madre como representante del mundo femenino

En cambio, cuando la madre rechaza a la hija, ésta siente la desaprobación del mundo femenino. Sentirá que no es tan bella o atractiva como sus demás amigas, o como las demás mujeres. Haga lo que haga, no es ni será lo suficientemente bella, lo cual por supuesto marca su sentido de autoestima. "¿Cómo me puedo querer a mí misma si no doy la talla, si no soy lo que mi madre esperaba?"

"Hija, estás demasiado gorda para ponerte esa blusa. Ponte algo más suelto para que no se te marque la panza."
La hija, disgustada, tuerce la boca y se dispone a retirarse.
"¿Por qué te enojas? Te lo digo por tu propio bien."

¡Es difícil querernos a nosotras mismas cuando nuestras propias madres nos encuentran defectuosas! Es por eso que tenemos que cuidar mucho los comentarios que hacemos a la adolescente, pues aunque la hija nos pueda parecer muy fuerte y segura, interiormente es muy frágil.
Les comparto la experiencia de una amiga, muy atractiva por cierto:

Cuando era adolescente, recuerdo que me tardaba horas en arreglarme cuando iba a salir con algún muchacho. Por fin, me miraba en el espejo con agrado y pensaba: "Me veo muy bien." Pero cuando sonaba la puerta y me disponía a despedirme de mi madre, ella me miraba con ojo crítico y me preguntaba: "Araceli ¿te peinaste?"

Ese comentario bastaba para dejarme emocionalmente en el piso. Mi conclusión era: "No debo estar bien si mi madre no me aprueba."

El comentario aparentemente inocente de la madre, desvanece toda la seguridad que había sentido Araceli al verse en el espejo. ¡Increíble el poder de sólo tres palabras de la madre!

Estando reunidas las tías con algunas sobrinas, Cynthia le pregunta a su madre: "¿Están hablando del guapo de Jaime? ¿Cómo se les ocurre que le haga caso a Alicia, que está tan fea?"

La madre, haciendo una mueca, le responde: "¿Acaso piensas que eres mejor que ella, hija?"

Una respuesta así impacta la imagen que tiene Cynthia de ella misma y afecta su autoestima. Si ella nunca se había considerado "fea", este comentario erosiona la confianza que tiene en sí misma.

Pero los adolescentes suelen ser muy ocurrentes, como nos muestra la anécdota siguiente:

Una adolescente que estaba harta de sentirse criticada constantemente por sus padres y hermanos mayores se puso el siguiente letrero:

"Tengan paciencia, Dios todavía no acaba conmigo."

Tómense un momento para revisar las siguientes preguntas, que pueden ayudarles a ver con mayor claridad las actitudes que tienen con sus hijos.

Preguntas para reflexionar

1. ¿Se molesta o incomoda mi hijo cuando le sugiero lo que debe o no comer?

2. ¿Qué le digo a mi hija sobre su cuerpo? ¿Quisiera que fuera distinta? ¿Me avergüenza su físico?

3. ¿Siento rechazo hacia mi hijo por su físico? ¿He pensado alguna vez que, si fuera más atractivo, sería más fácil quererlo?
4. ¿Comparo a mi hijo con otros? ¿Envidio a los padres con hijos atractivos?

Mi hijo siempre está cansado

Cuando el adolescente camina desganado, arrastrando los pies, pareciera como si el cuerpo le quedara grande y le pesara. Podemos observar que en esta etapa de su desarrollo tiene una gran necesidad de dormir, como si necesitara hibernar mientras termina de realizarse su metamorfosis. En este sentido se parece al recién nacido que necesita dormir para desarrollarse.

Es mediodía cuando Julissa se despierta y se dirige a la cocina donde su madre se dispone a preparar la comida: "¡A poco ya estás haciendo de comer? Te ayudaría pero estoy tan cansada..." "¿Cómo vas a estar cansada?", le contesta la madre atónita, "¡pero si has dormido 15 horas?"

No dejan de sorprenderse algunos padres de la capacidad que tienen sus hijos para reposar, aunque habría que agregar: "en casa", pues siempre están listos y dispuestos para salir con sus amigos.

"Mamá, creo me va a dar gripe", dice Anabel arrastrando los pies y tumbándose en el sofá, "me siento muy cansada y me duele el cuerpo..." En eso suena su celular y es su mejor amiga. Anabel contesta: "Kena, ¿que si quiero ir adónde? Al cine... ¿Quién va?... Claro que sí, pasa por mí en 20 minutos." Anabel cuelga el teléfono y corre animada a arreglarse.

Y tenemos que sonreír cuando vemos cómo la idea de actividad de un adolescente es muy distinta a la de sus padres:

Le comenta un joven a otro: "Estaba el otro día acostado en el sofá leyendo mi revista, viendo un juego de futbol en la tele y escuchando otro en la radio, tomando un refresco, comiendo unas papas y rascando al perro con el pie; ¡y mi madre me acusa de estar echado sin hacer nada!"*

Se queja otra madre:

"No entiendo, mi hijo adolescente puede tener el entusiasmo de recorrer cinco kilómetros en bicicleta, ¡pero está demasiado cansado para secar los trastes!"

Vivir con adolescentes es aprender a vivir con contradicciones. Tenemos que darnos cuenta de que perciben y viven el mundo de una manera muy distinta, y que sus prioridades son diferentes de las nuestras.

El hijo adolescente convence a su padre para que lo acompañe a una tienda de deportes, pues está interesado en comprar un equipo de pesas.

"No sé, hijo, está bastante caro", le dice el padre dudoso.

"Por favor, padre, te prometo que lo voy a usar todos los días después de la escuela; mi amigo Carlos tiene uno igual y..."

Después de mucho argumentar, por fin accede el padre a comprarle el equipo. Paga en la caja y se dirige al estacionamiento cuando escucha un grito de su hijo: "Papaaá, ¿acaso esperas que yo cargue todo esto solo?"

Ayudas positivas

Revisar nuestros valores

¿Qué nos sucede cuando estamos frente a un atardecer, cuando observamos una obra de arte o escuchamos un concierto, cuando vemos bailar a una persona con gracia, cuando miramos el suave vuelo de una mariposa?

Es indudable que la belleza toca el alma. La llama con asombro y admiración. La belleza nos inspira y se puede convertir en

---

* Adaptado de Lola Brandli en *Reader's Digest, Laughter, the best medicine,* The Reader's Digest Association, Pleasantville, 1997, p. 25.

un catalizador de la creatividad, nutriéndola y permitiéndole florecer. La belleza también es compañera de la alegría, pues atrae nuestra atención y nos invita a hacer una pausa y sonreír. Pero seríamos muy limitados si sólo percibiéramos la belleza física de las personas, si no lográramos ver más allá de su apariencia. Porque la belleza también es un estado de ser y por lo tanto tiene muchas formas y manifestaciones. Es bella la persona con un corazón compasivo, la valiente y osada, la que tiene un pensamiento claro y enfocado, la imaginativa y creativa, la que sabe escuchar, la considerada y cortés, la agradecida, la paciente, la espontánea, la simpática y alegre.

Esta lista podría ser interminable. ¿Cómo podemos ser tan ciegos que dejemos de apreciar los atributos más importantes de nuestros hijos para fijarnos sólo en su aspecto?

Sin duda, la vanidad tiene un lugar en nuestras vidas, pero de nosotros depende qué asiento le asignamos. Los medios de comunicación nos quieren convencer de que le demos el palco presidencial. ¿Pero realmente se lo merece? Si la vanidad ocupa el mejor puesto, ¿qué implicaciones tiene? Porque la vanidad nos puede indudablemente llevar a resultados positivos. Si, por ejemplo, por vanidad, por querer vernos más atractivos, nos ponemos a hacer ejercicio, el resultado será que seremos más ágiles, flexibles y dinámicos. Si por vernos delgados cuidamos nuestra alimentación, estaremos más saludables. La motivación podrá ser la equivocada, pero el resultado es bueno. Así que una dosis de vanidad puede no hacernos daño.

Pero cuando dejamos que la vanidad ocupe los primeros asientos, le roba cámara a otros valores, como la gratitud, la compasión, la generosidad, la valentía, la prudencia, etcétera. Si la vanidad es lo más importante, dejamos de ver otros valores esenciales.

Otra característica importante de la vanidad es que es contagiosa. Por eso vemos que ha cundido en la sociedad y en el mundo entero como una epidemia. Así que, si tuvieron padres vanidosos, es muy probable que la hayan heredado. Si revisan las siguientes preguntas, tal vez lleguen al meollo de las actitudes que ahora toman frente a su adolescente: ¿De dónde viene su insistencia de que su hija esté delgada? ¿Por qué le da tanta importancia a su físico? ¿Por qué la critica o la avergüenza? Probablemente porque sus padres hicieron lo mismo con ustedes. Por desgracia, heredamos de generación en generación no sólo la vanidad sino todas nuestras actitudes, creencias y prejuicios.

Preguntas para reflexionar

1. ¿Cómo me veían mis padres? ¿Me encontraban atractiva? ¿Me criticaban? ¿Me hacían sentir inadecuado?
2. ¿Pienso que cumplí físicamente con sus expectativas?
3. ¿Qué es lo primero que pienso cuando veo mi cuerpo al levantarme en la mañana? ¿Qué me digo a mí misma?
4. ¿Qué partes de mi cuerpo me gustan? ¿Cuáles me disgustan o avergüenzan? ¿Cuáles trato de ignorar? ¿Con cuáles me peleo?
5. ¿Veo a mi cuerpo como un amigo o como un enemigo?
6. ¿Qué me digo cuando como? ¿Disfruto comer? ¿Me siento culpable cuando como? ¿Como a escondidas?
7. ¿Soy compulsivo al comer, es decir, una vez que empiezo no puedo parar? ¿Me meto la comida, el cigarrillo o la bebida a la boca, sin darme cuenta de lo que estoy haciendo? ¿Como con ansiedad?

Enseñarles a analizar los mensajes publicitarios

Es importante ayudar a los hijos a revisar los mensajes publicitarios y enseñarles a distinguir la manipulación. Señalarles que están tratando de vender sus productos y que, con tal de lograr ese propósito, exageran o cambian la información.

Ser un puerto seguro

Los adolescentes necesitan de nuestra aprobación pues seguimos siendo importantes para ellos, aunque nos parezca que su mayor, y aparentemente único, interés sean los amigos. Los padres necesitamos ser como un "puerto seguro" al que se pueden acercar cuando necesitan aliento, cuando quieren recuperar sus fuerzas o cuando su entorno, que les puede parecer como el océano infinito, se vuelva demasiado aterrador o amenazante. En ese momento el joven piensa:

"Tengo a donde ir. Ahí están mi madre y mi padre, que me quieren incondicionalmente; para quienes siempre soy atractivo y simpático, importante y especial. Sé que me quieren, pase lo que pase."

Ser un puerto seguro significa estar presentes, no sólo física sino también emocionalmente. Quiere decir que soltamos lo que estamos haciendo para escucharlos cuando nos necesitan.

"Madre, quiero que me des tu opinión." "Me interesa mucho, hija", contesta distraída la madre sin quitar los ojos del televisor, "pero esta película está muy buena; después platicamos."

"¿Hablaste con tu madre?", le pregunta la amiga, "¿qué te dijo?"

"No, claro que no hablé con ella. Nunca tiene tiempo, la verdad es que no le intereso. Siempre me dice (haciendo muecas): 'Hija, confía en mí, cuéntame lo que te pasa', pero no es cierto. Todo siempre es más importante que lo que a mí me ocurre!", replica con resentimiento.

Quiere decir, también, que observo e intuyo cómo están, que estoy pendiente para reconocer cuando están desesperanzados o tristes. Para ello es necesario "verlos", haciendo a un lado nuestros quehaceres y pendientes.

"Elena, te he notado muy callada. ¿Estás triste? ¿Qué te pasa?", pregunta la madre. "No, nada", contesta la hija. "Pues si necesitas platicar o quieres ayuda, ya sabes que cuentas conmigo", le reitera la madre.

Ser un puerto seguro quiere decir hacerles saber, una y otra vez, que cuentan con nosotros, en cualquier situación, por difícil que sea.

"Sabes qué, hija, me acabo de enterar del accidente que tuvo tu compañero de clases por manejar ebrio de la fiesta. Quiero que sepas que cuentas conmigo para recogerte si eso te llegara a ocurrir. A cualquier hora y en cualquier lugar, llámame. En cualquier emergencia estoy para apoyarte."

Darles amor incondicional

Es importante reafirmar a nuestros hijos en esos momentos en que se sienten inseguros y "feos". Necesitamos decirles:

"¡Hija eres tan bella!" Y si te responde: "No, no estoy bonita, estoy gorda", repetirles: "Para mí eres muy bella y siempre serás bella."

"Hijo, estás muy guapo." Cuando te responda: "Claro, eso lo dices porque eres mi mamá", decirle: "Claro que lo digo porque soy tu madre. ¡Para mí eres guapísimo!"

También hay que repetirles frecuentemente:

"Para mí eres muy importante." "Te quiero mucho."

Pero estén preparados cuando respondan con voz de fastidio: "¡Ay, mamá!" "¡Ay, papá!"

No dejen que eso los desaliente. La boca dice una cosa, mientras que el corazón siente otra. Están creciendo y su nueva postura como adultos en cierne no les permite recibir el afecto con la misma sencillez y apertura que cuando eran niños. Pero eso no quiere decir que no lo necesiten. Por fuera parecen fuertes y resistentes, pero por dentro se sienten inseguros y tambaleantes ante esta nueva realidad. Asegurarles nuestro afecto les ofrece confianza y aliento.

El adolescente siente un alivio cuando piensa:

"Mi mejor amigo está enojado conmigo, creo que no le gusto a ninguna muchacha, definitivamente no soy el más fuerte ni el más rápido en los deportes, mis calificaciones han bajado... pero, bueno, al menos sé que en mi casa me quieren."

Cuando el adolescente siente esta seguridad, lo alentamos para enfrentarse a las dificultades y los retos que le presenta la vida. Es así como el amor de los padres sirve como bálsamo para las heridas que recibe. Cada uno de nuestros hijos tiene sus propias experiencias que vivir y lecciones de las que va a aprender. Algunas, muy a nuestro pesar, pueden ser dolorosas. Pero cuando tienen nuestro amor, es como si las heridas pudieran quedarse en la superficie, pues el interior es sólido e impenetrable. Se reponen y sobreviven, ya que, al quererlos, les enseñamos a quererse a sí mismos y entonces se arman de fortaleza y coraje para salir adelante; tienen la capacidad para ver la vida de frente, con valor y entusiasmo.

Porque, finalmente, el adolescente sabe:

"Si soy querido por mis padres, entonces merezco ser querido por el resto del mundo. O sea, soy 'querible'."

capítulo 3

"¡Bájenme de esta montaña rusa!"

Cambios emocionales y mentales en el adolescente

Los cambios físicos siempre van acompañados de cambios emocionales, pues las hormonas, al mismo tiempo que transforman el cuerpo del joven, alteran y cambian su estado emocional. Por lo tanto, hacer esta diferenciación es un tanto artificial. Pero podemos resumir el estado emocional del adolescente en pocas palabras: "Es como un viaje en un carrito de la montaña rusa en un parque de diversiones." Es decir:

Cuando el carro va de subida y sentimos aprensión, nos preguntamos asustados: "¿Por qué me subí si estaba mejor en tierra? ¡Ay, qué horror!, mejor me quiero bajar. Tengo mieeedo... ¡bájenme de aquí!"

Cuando llegamos a la cima, sentimos la descarga de adrenalina al mirar con terror la bajada. Nos aferramos al asiento y gritamos con desesperación: ¡¡¡Aaay!!!

Una vez que hemos descendido, nos damos cuenta de que hemos sobrevivido y recuperamos nuestro aliento. Suspiramos con alivio, miramos divertidos alrededor y sonreímos confiados.

Entonces fanfarroneamos: "Si no fue nada, ni sentí tanto miedo; lo volvería a hacer en cualquier momento."

¿Les recuerda al adolescente? Quiere crecer y ser adulto un momento, y al siguiente prefiere seguir siendo niño. Un rato está tranquilo y contento, seguro y arrogante. Se las sabe "de todas, todas". Como leí en un letrero en la defensa de un automóvil:

*¿Por qué no nos llegan todos los problemas de la vida a los 18 años, cuando lo sabemos todo?**

Pero de ese estado puede pasar a sentirse mal humorado, frustrado o furioso. Se molesta por algo que para sus padres carece de importancia y azota enojado la puerta. En estos momentos ni él mismo se aguanta. Puede permanecer entonces varias horas encerrado en su recámara, pero cuando sale, pareciera como si el episodio anterior nunca hubiera ocurrido.

O sea que, de ser lindos y encantadores, pasan a ser groseros e irrespetuosos, todo en cuestión de segundos. Pueden, por un lado, molestar a los hermanos o burlarse de los demás pero, por el otro, ser sumamente sensibles ante los comentarios que se hagan de ellos.

> "¿Por qué llora Marina?", pregunta la madre. "No sé, llora por todo", contesta la hermana, "ya le dije que la vamos a llamar María Magdalena."

Pero si pensamos en las descargas hormonales que está recibiendo el cuerpo del adolescente para transformarse, podremos comprender y sentir compasión por esos altibajos que está padeciendo. Como explica Steve Biddulph en su libro *Raising Boys*, el nivel de testosterona en los varones empieza a elevarse marcadamente entre los 11 y los 13 años, y llega a su clímax a los 14 años. Esta hormona puede aumentar hasta en 800% de cuando era un infante, y es la responsable del crecimiento repentino de sus extremidades, del vello, del aumento de la masa muscular, del acné, de la excitación sexual, del cambio de voz y de una inquietud generalizada. A nivel mental lo hace sentirse medio adormilado y desorganizado; y a nivel emocional lo vuelve agresivo y competitivo, con deseos de dominar. ¡Y nosotros queremos que sea bien portado y estudie!

---

* Tomado de Bob Phillips, *The World's All-Time Best Collection of Good Clean Jokes*, Galahad Books, Nueva York, 1996, p. 297.

En esta etapa, los adolescentes varones forman pandillas como un medio para sobrevivir, porque necesitan orden, seguridad y un sentido de pertenencia. Por eso Steve Biddulph afirma que es muy importante que tengan, en la escuela, la guía de un adulto responsable, que sepa tratarlos. Cuando dicho maestro "toma las riendas", sin ser autoritario, abusivo o amenazante, sino justo y amable, el joven se relaja, pues sabe quién está a cargo, conoce las reglas y confía en que serán cumplidas. En pocas palabras, el adolescente necesita orden y estructura para que el nivel de testosterona baje y pueda aprender. Porque si, por el contrario, el joven está en un ambiente violento o amenazante, los niveles de estrés se elevarán, al igual que la testosterona, y no podrá concentrarse para estudiar.

El adolescente está estresado

La vida es cambio, y nuestra tarea es responder y adaptarnos a esas constantes transformaciones. Gracias a que nada está estático, tenemos la posibilidad de aprender y crecer. De lo contrario, estaríamos aletargados y entumecidos por nuestra pasividad. El cambio nos despierta y nos empuja a la actividad, pues nos invita a participar una y otra vez con nuestra creatividad. La vida siempre está dándonos nuevas y mejores oportunidades; ella ofrece y a nosotros nos corresponde recibir y responder.

Pero cuando esos cambios parecen llegarnos demasiado rápido y tememos no poder responder adecuadamente, nos estresamos. Un poco de estrés nos moviliza, pero mucho estrés, por el contrario, nos puede paralizar. De la misma manera que un mineral en pequeñas dosis resulta indispensable para la salud de nuestros cuerpos, en cantidades mayores intoxica y enferma.

Cuando estamos estresados, porque nos sentimos abrumados ante la necesidad de responder a tantas exigencias, nos vemos obligados a enfocar gran parte de nuestra energía en nosotros mismos. Es decir, para sobrevivir cuando estamos estresados necesitamos volvernos egocéntricos, porque tenemos una cantidad limitada de energía. Por eso, cuando estamos con una persona estresada, vemos que se le dificulta ponernos atención y le cuesta trabajo escucharnos, nos da la impresión de estar en su propio mundo. Me gusta imaginarme que está envuelta en un capullo de estrés.

Si pensamos ahora en el adolescente, comprenderemos por qué todo lo que le sucede le parece ser siempre más importante que lo que le ocurre a los demás. De pequeño también era egocéntrico, pero por razones distintas; aún no comprendía que otras personas podían pensar y sentir como él. El niño pequeño no puede compartir porque no entiende que otras personas tienen necesidades como las suyas. Pero a partir de los cinco o seis años empieza a convertirse en un ser social y a tomar a otros en cuenta. Su mundo se amplía y entiende que tiene que esperar y compartir.

Pero al llegar la adolescencia parece como si hubiera habido un retroceso; nuevamente el joven se torna egocéntrico, aunque esta vez por motivos distintos. Está ingresando a un mundo nuevo y se siente inseguro y presionado. No sabe si podrá responder adecuadamente ante las expectativas de los adultos y, por lo tanto, llega a sentir:

Confusión

"No me reconozco en este cuerpo. ¿Qué me está sucediendo?"

Ansiedad y preocupación

"¿Cómo iré a quedar? ¿Seré lo suficiente atractiva(o) para el sexo opuesto? ¿Les gusto a mis padres? ¿Soy como esperaban?"

Vulnerabilidad

"Todos se dan cuenta de mis defectos y mi inseguridad. No sé como defenderme."

Soledad

"No tengo con quién compartir estos cambios. No sé en quién confiar."

Impotencia

"Me siento fuera de control. Estos cambios me están ocurriendo y no puedo hacer nada para pararlos. ¿En qué o en quién puedo apoyarme para sentirme seguro?"

En conclusión, el adolescente se siente estresado y toda su energía está enfocada en sus necesidades y en sus preocupaciones.

"Ernesto, ¿qué pasó con lo que te encargué?", pregunta la madre. "¿Qué me encargaste?", responde el hijo, prendiendo el televisor. "¿Cómo que qué te encargué? Te hice una lista para que fueras a la tienda; lo necesito para hacer la cena", responde exasperada. "¿Cuál lista? Ah, sí, aquí la tengo. No te enojes, acabando este programa voy."

El estrés es contagioso

Nos queda claro que el adolescente se estresa porque tiene que enfrentar muchos cambios, pero ¿qué ocurre cuando sus padres también están estresados?

Las madres de antaño, que no trabajaban fuera de casa, tenían como tarea primordial atender a los hijos. Entonces, aunque el padre estuviera estresado o mucho tiempo lejos del hogar, la madre se convertía en un puerto seguro para los hijos, como mencioné en el capítulo anterior. Ellos sabían que en casa había una persona que estaba a su disposición, con la que podían contar y para la cual eran importantes. La madre se convertía en un centro sólido que sostenía y hacia donde gravitaba la familia.

Pero nuestra sociedad está cambiando. La familia ha perdido a la madre que funcionaba como núcleo y que cohesionaba al hogar. Cada vez más, ambos padres se encuentran envueltos en un torbellino de actividades, que los obliga a vivir cada vez más aprisa y más estresados. En muchas familias, los hijos han dejado de ser prioridad y el trabajo ocupa el lugar primordial. Sin darse cuenta, han ido sucumbiendo al mensaje de los medios de comunicación, y se han dejado convencer de que lo más importante es tener más y mejores posesiones. Pero como nunca parece ser suficiente, inician una espiral sin fin, de la que surge siempre una razón más para seguir laborando, y los hijos se convierten en estorbos. Aun cuando la madre no trabaje fuera de casa, muchas veces está tan ocupada y estresada siendo el chofer de los hijos, llevándolos de actividad en actividad, que al final del día se encuentra exhausta y lo único que quiere es que la dejen en paz.

Pero el problema de que ambos padres estén estresados es que, por lo mismo, no pueden atender a los hijos. Están envueltos en su capullo de estrés y no escuchan ni comprenden qué les pasa. No es que no quieran atenderlos; es que *no pueden atenderlos*. Física y emocionalmente se ven imposibilitados. Y cuando no atienden las necesidades de los hijos, éstos a su vez se sienten abandonados y, por lo tanto, también se estresan. Así perpetuamos la cadena: padres estresados y, en consecuencia, hijos estresados.

Cuando el estrés se convierte en crisis

En el caso del adolescente esto es especialmente grave. Porque, al estar pasando por una etapa de grandes cambios, necesita sostenerse en adultos que sirvan de anclas y lo sujeten frente a las tormentas que lo acechan. Cuando los padres están ausentes emocionalmente, debido al estrés causado por sus propios problemas, el joven se encuentra solo.

En estos casos, el estrés puede convertirse en crisis. Cuando una persona se siente abrumada por demasiados cambios que alteran su diario vivir, o cuando se ve agobiada porque estos cambios parecen ocurrir todos al mismo tiempo, y no encuentra un apoyo que le ofrezca seguridad, puede pasar del estrés a la crisis. Revisemos los siguientes ejemplos:

• Una joven pierde en un accidente a sus padres y se va a vivir a la ciudad con sus tíos, en un país del que no conoce el idioma. Ambos parientes trabajan y no pueden hacerse cargo de ella, por lo que tiene que arreglárselas sola. Su novio deja de escribirle.

• Un niño de tres años ingresa por primera vez al colegio, al mismo tiempo que su madre está muy ocupada con su nuevo hermano, y el padre se va de viaje. El niño es duramente reprendido por la madre al orinarse éste en la cama por las noches.

• Los padres de una adolescente están en el proceso de divorciarse y disputan sobre quién se hará cargo de ella. Al mismo tiempo, la escuela la presiona para que mejore sus calificaciones o repetirá el año escolar. Su mejor amiga se muda a vivir a otra ciudad.

Demasiados cambios, demasiado rápidos, aunados al miedo de no lograr responder apropiadamente y a la falta de un sostén sólido, pueden provocarnos una crisis. Cuando entramos en crisis nos sentimos a la deriva, pues hemos perdido los apoyos que hasta ese momento nos sostenían. Si el adolescente no tiene a los padres como puertos seguros, puede sentirse indefenso y, entonces, ¿en quién o en qué se apoya? Una alternativa es que recurra a otros compañeros, que en este caso sería como "el ciego guiando al ciego", o encuentre un escape en las drogas, el alcohol o la promiscuidad, con el peligro de convertirse en adicto. Las adicciones finalmente sólo son intentos de cubrir nuestras necesidades insatisfechas. Son paliativos que nos alivian momentáneamente para después dejarnos nuevamente desamparados, como veremos más adelante en el capítulo 8.

César, de 16 años, llama por la madrugada a su maestro para decirle que no sabe dónde se encuentra. Está ebrio y maneja el automóvil de sus padres que se han ido de viaje. Al día siguiente el maestro se entera de que César tiene seis meses bebiendo una o dos veces por semana hasta emborracharse. Esa tarde convoca a tres personas de un grupo de AA para que compartan con él sus experiencias.

Cuando los padres regresan de viaje, el maestro pide hablar con ellos pero César prefiere no estar presente. Después de la cita, los padres informan a la escuela que no desean buscar ayuda para César, pues ellos se harán cargo de la situación.

Dos años después, los padres casan a César cuando se enteran que su novia está embarazada.

Hasta la fecha los padres mantienen a la pareja.

Una situación estresante se puede tornar en una crisis si no la atendemos. César necesitaba la guía de sus padres, pero ellos estaban muy ocupados y poco a poco encontró refugio en el alcohol. Aunque el maestro y el grupo de AA le ofrecieron apoyo, la negación de los padres ante su problema lo dejó desprotegido y continuó con su adicción.

Afirmación

☆ *Yo merezco descansar y recuperarme para poder ser un padre amoroso.*

"A veces quiero ser adulto, pero otras veces quiero seguir siendo niño"

Cuando queremos meternos al mar, primero probamos el agua para calar la temperatura con la punta del pie. Luego de asimilar la primera impresión, metemos las piernas y después, lentamente, entrando y saliendo, sumergimos el resto del cuerpo.

De manera parecida, el niño se acerca al mundo del adulto. Da un pequeña probada, y regresa a su mundo seguro de niño.

Gilberto, de 13 años, está cenando con sus padres cuando, al servirle su madre la comida, ésta le acaricia distraídamente el cabello. "No, mamá, ¡no me toques!", protesta el chico. "Perdón, hijo, se me olvidó."

En la noche cuando ella está viendo la televisión, Gilberto se deja caer en el sofá y apoya su cabeza en sus piernas. "Hazme un masajito, no puedo dormir."

Un momento casi parecen adultos que todo lo saben, en otro, los vemos nuevamente actuar como niños, vulnerables e indefensos, en busca de asilo en los mayores. O sea, que tantean la temperatura del mundo adulto, pero aún no están listos para sumergirse por completo, y por eso regresan a la playa de la niñez.

Esto a veces confunde mucho a los padres, porque, en efecto, hay un despertar cognitivo en el adolescente que se muestra como una gran habilidad para manejar la información y expresarla verbalmente. Esta capacidad ha sido sobrevalorada por nuestra cultura, que no logra apreciar la disonancia que existe en relación con el desarrollo emocional del adolescente. Tenemos que estar conscientes de que esta nueva capacidad cognitiva no es un reflejo de su desarrollo emocional. En otras palabras, el hecho de que el adolescente muestre nuevas capacidades mentales no debe deslumbrarnos y hacernos pensar que está emocionalmente maduro.

Como padres, lo único que podemos hacer es *observar*, sí, observar, para saber cómo tratarlo. Porque si cuando está queriendo ser adulto lo trato como niño, lo ofendo. Y si cuando quiere ser niño, lo recrimino, lo lastimo. Esto exige que como padres seamos *flexibles*. Somos nosotros los que tenemos que estar pendientes y, en vez de reaccionar, responder a lo que el adolescente está necesitando; como decía la educadora Cato Hanrath: "en el momento, al momento y por el momento".

"Hija ¿a qué hora quieres ir a ver lo que me pediste de tu vestido de graduación?"

"Siempre no quiero que me acompañes. Ya le pedí a mi amiga Marcia que venga conmigo", contesta la hija mientras la madre la contempla sorprendida.

La noche anterior, la adolescente quería el apoyo de la madre, pero para la mañana siguiente ya no la necesitaba. Esto descontrola a cualquier persona, y definitivamente requiere de paciencia por parte de la madre. Necesita comprender que la joven está en un proceso de cambio, en el que todavía no se siente segura y requiere de apoyos, pero que depende de su estado de ánimo dónde los va a encontrar. Por eso la noche anterior le pareció que la indicada era ella, pero a la mañana siguiente había cambiado de opinión. Ahora prefiere a su amiga Marcia.

Cada hijo tiene su propio ritmo de crecimiento y su manera individual de vivir la adolescencia, y por eso no hay reglas. A veces un padre me dice: "Mi hijo pequeño es tremendo, ¡quién sabe que nos espera cuando sea adolescente!" Y efectivamente, la expresión "quién sabe" es adecuada, porque nunca sabemos. Un niño puede ser tranquilo de pequeño y ser muy rebelde de adolescente, mientras otro puede ser muy inquieto de niño y más tranquilo de adolescente. Lo que sí les puedo asegurar es que cada hijo tiene el proceso que necesita para madurar. Y que si lo acompañamos en este trayecto de su vida, le facilitamos el camino. Necesitamos ser esa playa en la que puedan descansar y recuperarse antes de adentrarse una y otra vez en las profundidades del mar de la adultez.

"Mi mundo es blanco o negro"

Cuando estamos pasando por una transición en nuestro desarrollo, es decir, cuando pasamos de una etapa a otra, y en este caso de la niñez a la adolescencia, pareciera como si entráramos al caos. Perdemos nuestros antiguos puntos de referencia y todo parece estar en constante movimiento. En una palabra, nos sentimos perdidos. Como quien aterriza en un país desconocido y necesita empezar a hacer un mapa mental del lugar para ubicarse, el adolescente busca sentido en lo que está viviendo mediante una simplificación de su mundo, al que divide en blanco y negro. En este momento no puede incluir otros colores, ¡ni siquiera las diferentes tonalidades de gris! Eso quiere decir que algo o alguien es fantástico o repugnante, espeluznante o maravilloso, delicioso o asqueroso, perfecto o defectuoso. No existen las medias tintas; sólo los extremos opuestos.

"¿Qué tal el nuevo maestro?", pregunta el padre. "Buenísima onda", responde el hijo. "¿Y qué pasó con el maestro de matemáticas?", continúa indagando el padre. "A él nadie lo aguanta, todos lo odian, es insoportable", contesta el hijo.

Los juicios son absolutos, es decir, aman a una persona o la detestan. No comprenden que pueda tener tanto cualidades como defectos, de la misma manera que en un cuento de hadas la bruja siempre es mala y la heroína siempre es buena. Cuando todo llega a parecerles demasiado complicado, dividir el mundo de esta manera les simplifica la vida. Otra forma de ver la misma situación es imaginándonos que nos entregan una pila enorme de papeles para clasificar. ¿Qué sería más fácil: dividirlos en dos pilas –"Sirven" y "No sirven"– o en cinco categorías distintas? Por supuesto que sería más sencillo sortearlos en sólo dos. De la misma forma, el adolescente clasifica su mundo de la manera más práctica para comprender y poner orden en un mundo nuevo que le presenta tantas disyuntivas.

"Odio la química. Es lo más asqueroso que he visto en mi vida. No puedo entender por qué tiene que ser parte de nuestro programa de estudios. ¿A qué estúpido retrasado se le pudo ocurrir incluirla? Ojalá se quemara el laboratorio", repela entre dientes Samantha mientras se prepara para el examen del día siguiente. "Pero recuerdo que el año pasado te gustaba esa materia", dice pensativa la madre. "No, siempre la he odiado y siempre la odiaré", recalca la hija.

Conforme van madurando, este proceso cambia, e irán ampliando su perspectiva sobre el mundo, para incluir todas las tonalidades entre el blanco y negro, así como los matices de otros colores.

> "El maestro de estadística es muy bueno para explicar y conoce mucho de su materia. Prepara muy bien sus clases y su manera de calificar es justa. Pero eso sí, ¡no tiene sentido del humor! Es muy serio. Cuando contamos chistes o hacemos una broma, nadamás se nos queda mirando como si estuviéramos locos. ¡No me gustaría encontrármelo en una fiesta!", comenta Roberta a sus hermanos.

"¡Me encanta el drama!"

> Ernesto no sólo me rompió el corazón y destrozó mi vida entera, sino que también me arruinó la tarde, le comenta la adolescente a su mejor amiga.*

El adolescente pareciera estar viviendo una telenovela, porque su vida está llena de drama. Todo lo vive con gran intensidad y cualquier situación es motivo para que desahogue las emociones que parecen estar en constante ebullición en su interior.

> "¡¡Si no puedo ir a esa fiesta, nunca, ¿me oyes?, nunca me van a volver a invitar!!"

Si nos imaginamos que el adolescente se está terminando de cocinar para emerger como adulto joven, comprenderemos que el elemento fuego es indispensable en esta etapa. Si revisamos los cuatro temperamentos: sanguíneo, colérico, melancólico y flemático, vemos que, independientemente del temperamento personal del adolescente, está pasando por una etapa permeada por el temperamento colérico. ¿Y cómo es una per-

---

* Adaptado de Bob Phillips, *The Best Ever Book of Good Clean Jokes*, Galahad Books, Nueva Jersey, 1998, p. 312.

sona de este temperamento? Pues fuerte, bien plantada, sabe lo que quiere, se enoja con facilidad y pierde la cabeza cuando se le contradice, cree saberlo todo y jamás se equivoca. Puede ser exigente, testaruda, discutidora y competitiva. ¿Les recuerda a su adolescente?

Como todos los adolescentes tienen mucho del temperamento colérico, una de sus características es la intensidad de sus emociones. Debemos permitir que el adolescente viva esas emociones ardientes para que termine de madurar. Pero eso no quiere decir, como veremos en las *Ayudas positivas*, que dejamos de ponerles límites. Castigar al adolescente o hacerlo sentir inadecuado por tener esas emociones sólo hiere su autoestima.

"¿Vas a llorar otra vez? Si lo haces, Ximenita (con tono sarcástico), olvídate de que te lleve a la fiesta. ¡Estoy harta de tus escenitas! ¡Y quita esa jeta, o no vas!"

Estoy de acuerdo en que a veces resulta agotador presenciar un drama tras otro por cosas que a nosotros nos pueden parecer totalmente absurdas o intrascendentes, pero humillarlos o amenazarlos sólo los reprime y lastima.

Tampoco ayuda sucumbir a sus deseos, con tal de evitarnos un mal rato, o compartir el drama con ellos pensando que, si no dejan de llorar, algo terrible les va a suceder. En cualquiera de estos casos lo mejor es empatizar, poniendo un límite que también tome en cuenta nuestras necesidades. Por ejemplo, podemos decirle:

"Entiendo que tengas ganas de llorar, hija, pero puedes hacerlo en tu recámara. Cuando estés más tranquila, con mucho gusto hablamos."

Pero si el adolescente no se quiere retirar, en vez de discutir o pelear, somos nosotros los que nos retiramos, y nos aseguramos de ¡cerrar bien la puerta!

Un mensaje muy claro que tenemos que transmitirle es el siguiente:

Todos tenemos derecho a tener y sentir nuestras emociones, pero eso no quiere decir que los demás tienen obligación de aguantarnos. Cada persona es responsable de poner un límite claro para no permitir las faltas de respeto o el abuso.

Si yo doy el ejemplo poniéndole un límite a mi adolescente que quiere desahogarse, pero a mis costillas, le estoy enseñando algo muy importante:

"Yo merezco respeto y no permito que nadie abuse de mí."

Esta intensidad de emociones puede presentarse como enojo, tristeza y llanto, pero también como pasión y entusiasmo: el adolescente que se interesa en un deporte, como el fútbol, y no habla ni piensa en otra cosa; la joven que defiende una causa y por días reparte volantes en la calle para apoyarla; el muchacho que discute interminablemente para convencernos de dejarlo ir solo de vacaciones.

El hijo adolescente tiene un buen rato discutiendo con su madre. "Pero hijo, lo que estás diciendo no es cierto." "Lo sé, madre, pero déjame terminar", le reitera el muchacho.*

El adolescente también tiene un deseo de vivir emociones fuertes que le produzcan descargas de adrenalina que lo hagan sentirse intensamente vivo. Podemos ver en los parques de diversiones cómo se suben una y otra vez a juegos vertiginosos. Las generaciones nuevas, que han crecido expuestas a la tecnología, televisión, computadoras y videojuegos, parecen estar anestesiados y requerir de cada vez mayores estímulos para tener las emociones intensas que buscan. Si bien es natural que en esta etapa les atraigan los riesgos, es importante estar pendientes. Cuando el adolescente encuentra en esos juegos o deportes extremos una forma de fugarse de su realidad o una manera de

---

* Adaptado de Jeff Giles en *Reader's Digest, Laughter, the best medicine*, The Reader's Digest Association, Pleasantville, 1997, p. 111.

tapar el dolor de no sentirse aceptado, querido o tomado en cuenta, o busca cubrir su soledad, el arriesgar su vida puede convertirse en una adicción. Como bien dice Claudia Marcela Pádula en su libro *Desayunos de anestesia*:

> *De tanto pisar el borde del vacío,*
> *uno se acostumbra al vértigo.*
> *Se parece a la felicidad,*
> *pero tiene tanto de miedo que asusta.*
> *Es una buena forma*
> *de vivir cobardemente emociones fuertes.*

Cambios mentales en el adolescente

"Yo pienso que mi hijo heredó mi inteligencia, ¿no te parece, mi amor?", pregunta el padre orgulloso.

"Me imagino que sí, porque yo todavía tengo la mía", le contesta la madre.*

Como Tim Burns explica en sus talleres sobre el desarrollo del cerebro, la adolescencia es una etapa de grandes cambios, no sólo físicos y emocionales, sino también a nivel mental. Gracias a las descargas hormonales de la pubertad, nuevas capacidades mentales empiezan a desplegarse en el adolescente al activarse el desarrollo de los lóbulos frontales del cerebro. Éstos son responsables de nuestra capacidad para formular planes a futuro, para fijarnos metas y planear cómo conseguirlas, y para prever las consecuencias de nuestro comportamiento. Cuando los lóbulos frontales maduran, adquirimos la capacidad de pensar de manera juiciosa, es decir, de reflexionar, de evaluar, de contener nuestros impulsos y de posponer nuestra necesidad de gratificación. Los lóbulos frontales también juegan un papel crucial

---

* Adaptado de Bob Phillips, *The Best Ever Book of Good Clean Jokes*, Galahad Books, Nueva Jersey, 1998, p. 167.

en el desarrollo de nuestra madurez emocional, permitiéndonos manejar los estados emocionales negativos, generando emociones positivas, así como manteniéndonos motivados a pesar de los obstáculos que encontremos al tratar de conseguir nuestros objetivos y sueños.

En resumen, cuando los lóbulos frontales maduran, adquirimos tres cosas cruciales: pensar de manera clara y efectiva, regular nuestras emociones y la posibilidad de conseguir nuestros sueños. Nos puede parecer obvio que en la niñez estas funciones aún no existan de manera estable y consistente, porque los lóbulos frontales simplemente no han terminado de madurar. Pero estudios científicos recientes han descubierto otro hecho menos evidente: estas capacidades tan importantes están lejos de estar maduras o estables en el cerebro del adolescente. La mayoría de los neurocientíficos están de acuerdo en que el cerebro acaba de madurar hasta los 25 años de edad. Por lo tanto, el cerebro del adolescente está todavía en proceso de maduración.

Muchas veces cometemos la equivocación de ver maduros a los adolescentes a nivel físico y creer que también lo están a nivel emocional y mental. Pero si tomamos en cuenta que sus cerebros aún están en vías de maduración podremos ser más comprensivos. Entenderemos por qué son inestables, poco juiciosos y no miden muchas veces las consecuencias de sus acciones. No nos sorprenderá que sean a veces caprichosos o infantiles. En consecuencia, podremos ser más pacientes y tolerantes con sus errores.

Como el infante que, cuando empieza a caminar, se tambalea y se cae una y otra vez antes de aprender a caminar con seguridad, el adolescente prueba sus nuevas habilidades mentales en el mundo adulto, pero aún es torpe y muchas veces falla. Está adquiriendo la capacidad para formular ideas, resolver problemas más complejos, así como para manejar ambigüedades y abstracciones.

Un padre trata de enseñarle algo importante a su adolescente. Coloca una lombriz en un frasco con agua y otra en un frasco con alcohol. La que nada en agua sobrevive mientras la sumergida en alcohol se muere. "¿Qué aprendiste de esto, hijo?", pregunta el padre expectante.

El chico observa los frascos y responde: "Pues que tengo que beber mucho alcohol para nunca tener lombrices."

Podemos imaginarnos que, cuando el adolescente empieza a probar sus nuevas capacidades mentales, se siente por primera vez al mismo nivel intelectual que los adultos, y por lo tanto, goza midiendo fuerzas con ellos.

"Tomen su pluma y escriban una composición con el título 'Si yo fuera millonario'", les dice la maestra a sus alumnos de secundaria.

Todos empiezan a escribir menos Antonio, que se cruza de brazos.

"¿Qué estás esperando?", pregunta la maestra.

"A mi secretaria", contesta el muchacho.*

Pero al sentirlos su igual, los padres caen de su pedestal de dioses y se convierten en meros mortales para el adolescente. Para comprobar que se encuentra a su misma altura, el hijo los provoca y los reta una y otra vez. Es así como discutir se convierte en su pasatiempo favorito.

"Cuando tenía 14 años, mi padre era tan ignorante que casi no soportaba estar con él. Pero para cuando cumplí los 21, me sorprendió cuánto había mejorado en solo siete años."

MARK TWAIN

A pesar de su aparente seguridad y de su habilidad para retarnos, no olviden que el adolescente aún tiene varios años por delante antes de terminar de completar este ciclo de maduración.

---

* Adaptado de Bernadette Nagy en *Reader's Digest, Laughter, the best medicine*, The Reader's Digest Association, Pleasantville, 1997 p. 171.

Ayudas positivas

No compren boleto para la montaña rusa

Les tengo una buena noticia. El adolescente puede estar pasando por el "síndrome de la montaña rusa", pero los adultos que lo acompañan tienen una opción: no comprar boleto y no subirse con ellos. Sí, pueden decidir permanecer en tierra: observarlos, comprender que necesitan pasar por esta experiencia, pero que son un mejor apoyo si no toman asiento a su lado. Porque un adulto que compra boleto y se sube con su hijo a la montaña rusa, se transforma en otro adolescente y deja de ayudarlo.

No comprar boleto significa conservar mi lugar de adulto y no convertirme en otro adolescente. Quiere decir no "engancharme" con sus provocaciones y enojos; estar alerta y detenerme cuando quiero ponerme al "tú por tú" a discutir. El adolescente pareciera aventarnos un anzuelo y nosotros mordemos. Mordemos cuando empezamos a subir el tono de voz y a pelear como si tuviéramos su misma edad. Es decir, olvidamos que nosotros somos los adultos con la madurez para contenernos y no reaccionar.

Analicemos la siguiente situación:

El anzuelo:
No pienso tomar la clase de regularización, dice el adolescente mirando fijamente a su padre.

Cuando el padre muerde el anzuelo:
¿Queé? ¿Acaso estás loco?

(Subiendo el tono de voz) ¿Sabes lo que te va a ocurrir si no vas?

(Gritando) ¡Si crees que yo voy a ayudarte, estás muy equivocado, pero muuuy equivocado, ¿me oyes?!

En este caso el adolescente acaba de ganar el primer "round". Es muy cierto que "el que se enoja pierde" y en este caso el padre es el perdedor. Cuando el adolescente lo ve furioso, se siente poderoso y piensa con seguridad: "Aquí mando yo". El padre ha perdido su lugar y el adolescente se siente victorioso.

Cuando el padre no muerde el anzuelo:
Responde con aire casual y sin alzar la voz: Yo creo que tú ya sabes las consecuencias de no asistir, es tu responsabilidad y estoy seguro de que harás lo que mejor te convenga.
Sale inmediatamente del cuarto mordiéndose la lengua para no sermonear o engancharse.

En este caso es el padre el que gana. No acepta la provocación y le entrega la responsabilidad al muchacho. Dense cuenta de lo importante que es retirarse para no sucumbir ante la tentación de continuar hablando y delatarnos, pues se percataría de que nos molestó su comentario y cuando menos lo pensamos estamos discutiendo o regañando. Cuando mordemos el anzuelo, el adolescente siente que nos tiene donde quiere tenernos: ¡en sus garras!

"¿Qué crees que le dije a mi madre?", fanfarronea Samuel con su amigo Israel. "Que iba a dejar de estudiar… hubieras visto cómo se puso, como loca. ¡¡Ja, ja, ja!! ¡Hasta pensé que se le iban a salir los ojos de sus órbitas!"

A veces no notamos cuánto tiempo de entretenimiento les proporcionamos a nuestros hijos, y todo por reaccionar ante sus desafíos. (En el próximo capítulo trataré el manejo del enojo y cómo responder ante sus provocaciones.)

Comprender no significa dejar de poner límites

Se entiende que el adolescente está pasando por una etapa egocéntrica, pero eso no quiere decir que le permito ser desconsiderado o irrespetuoso. Y esto parecerá una paradoja. ¿Cómo podemos, por un lado, comprender y, al mismo tiempo, poner un límite? Cuando un niño de tres años no quiere prestar su pelota, le decimos: "Entiendo que quieres quedarte con la pelota, pero vas a compartirla con los demás niños." El niño pequeño no comprende por qué tiene que prestar algo que no quiere, pero de todas maneras lo empujamos a hacerlo para ayudarlo, poco a poco, a dar el siguiente paso en su madurez: tomar a otros en cuenta.

"No encuentro mis tenis grises", dice el adolescente. "Ponte otros, tu padre tiene prisa por llegar a la oficina", le contesta la madre. "No, tienen que ser los grises", replica el joven. "Entiende que tu padre tiene una cita y estamos tarde, ponte otros zapatos", ordena la madre exasperada. El adolescente la ignora y continúa buscando los tenis. "Yo los dejé en el lavadero, ¡¿quién los tomó?!"

Para este adolescente lo más importante son sus tenis, y la junta de su padre, por muy importante que sea, lo tiene sin cuidado. Pero necesitamos decirle:

"Entiendo que prefieres tus tenis grises, pero la reunión de tu padre es muy importante. Si no estás en el automóvil en cinco minutos, tendrás que irte en autobús."

Y si a los cinco minutos no está listo, lo dejamos.

Comprender no quiere decir que por eso dejamos de poner límites y el adolescente hace lo que le viene en gana. Los padres que confunden esto no los ayudan a dar el siguiente paso en su crecimiento. Los condenan a permanecer siempre como adolescentes: egoístas, irrespetuosos y desatentos.

Debemos recordar la regla de oro:

Valido el sentimiento,
pero cuando es necesario,
pongo un límite al comportamiento.

Ejemplos:

• Entiendo que no quieres ir a la comida familiar porque te parece aburrida, pero tendrás que cambiarte y acompañarnos.

- Comprendo que estés molesta con tu hermana porque tomó tus cosas, pero no voy a permitir que le pegues. ¿De qué otra manera puedes expresarle lo que sientes?
- Sé que quieres jugar futbol con tus amigos, pero primero tienes que terminar con la tarea del colegio.
- Comprendo que prefieras quedarte viendo la televisión, pero necesito que recojas a tu hermana de su clase.

Validar el sentimiento quiere decir que aceptamos lo que siente, que no lo juzgamos ni lo criticamos, que cada persona tiene el derecho a sentir lo que le venga en gana, y nadie tiene por qué tratar de cambiarlo. Pero esto no da a la persona el permiso para ser irresponsable, para faltarle al respeto a otros, para ser desconsiderado, ni para lastimar. El mensaje tiene que ser claro:

> Tienes derecho a tus sentimientos y emociones. Tú puedes elegir en cualquier momento prolongar, aminorar, aumentar, soltar o cambiar lo que estás sintiendo. Sólo tú eres responsable de lo que sientes. Pero ninguna emoción te da permiso de ser irresponsable, irrespetuoso, hiriente o abusivo.

Reaccionar *vs.* responder

En una situación amenazante, el cuerpo se activa para defendernos, y a estos movimientos automáticos, inconscientes e involuntarios, los llamamos reacciones. Si observamos, estamos constantemente reaccionando ante la vida.

- "¡Ay, qué horror!", grita la madre encogiendo la pierna, mientras ve una cucaracha cruzar y meterse bajo la mesa.
- Gina reconoce a su amiga Brigitte y quiere sorprenderla. Se acerca y la abraza por la espalda, pero su amiga espantada la avienta.
- El niño mete la pierna a la regadera pensando que el agua está caliente, pero al sentir el agua fría da un salto hacia atrás: "¡Mugre regadera! ¡Mamaaá!"

A diferencia de cuando reaccionamos, para responder necesitamos estar presentes. Esto significa que tenemos que anteponernos a nuestra reacción inicial para elegir lo que nos parece más conveniente. Para responder en vez de simplemente reaccionar debemos estar conscientes. Responder implica reflexión y deliberación, mientras que reaccionar es un movimiento involuntario y mecánico.

Cuando estamos frente a nuestros hijos tenemos que aprender a responder en vez de reaccionar.

"Estoy pensando en irme a estudiar al extranjero", dice el hijo.

Reaccionar es:

"No es mala idea", contesta irritada la madre, "así por lo menos no tendré que aguantarte."

Responder es:

"No es mala idea. ¡Pero creo que voy a extrañar nuestras discusiones!", responde la madre sonriendo.

En el primer ejemplo, reacciona la parte dolida de la madre que quiere *vengarse* y *castigar*. Si la madre está enojada, cualquier comentario, por inocente que sea, le puede parecer una provocación. Cuando el hijo le dice que quiere estudiar en el extranjero, ella automáticamente lo interpreta como una agresión, como si el hijo estuviera pensando irse para alejarse *de ella*, o como si lo dijera con la única intención de ofenderla.

Pero cuando elegimos responder en vez de reaccionar, nos detenemos un momento y consideramos la situación. Soltamos nuestra agenda interior y escogemos ser objetivos. El sentido de humor puede ser en estos casos un maravilloso disolvente de la tensión.

"Quiero ir al cine pero no he terminado de empacar mis cosas para el viaje", se lamenta Regina.

Reaccionar es:
"Vete, yo te empaco", contesta la madre distraída. Varias horas después, cuando –agotada– se dispone a acostarse, recuerda molesta que se comprometió a empacar las cosas de la hija que se divierte en el cine.

Responder es:
La madre se detiene unos momentos y luego responde: "Si te apuras puedes llegar a la última función. Siento no poder ayudarte pero todavía tengo mucho trabajo."

En el primer caso la parte *complaciente* de la madre es la que se activa y reacciona en automático. Pero después queda resentida al no tomarse a sí misma en cuenta. En cambio, cuando responde, observa la situación y decide desde una parte más centrada dentro de ella. Así, considera a su hija sin dejar de ocuparse de sí misma.

"¡Cómo me gustaría echarme de un paracaídas, ha de ser muy divertido!", comenta entusiasmado Rodrigo.

Reaccionar es:
"¿Pero qué, estás loco? Ni se te ocurra, ¿sabes lo peligroso que es? ¿Qué quieres, matarte?" regaña la madre alarmada.

Responder es:
La madre respira profundo. "Sí, puedo entender que te llame la atención."

El comentario de Rodrigo activa una *reacción de miedo* en la madre. A los adolescentes les atrae el riesgo y las emociones fuertes, así que es entendible que aventarse de un paracaídas les pueda resultar muy atractivo. Pero eso no quiere decir que lo van a hacer. Cuando la madre reacciona con miedo en vez de desalentarlo, puede ser que le despierte su sentido de rebeldía y se anime a tratarlo con el solo fin de desafiarla.

En el segundo ejemplo, cuando responde, empatiza con sus intereses en vez de reaccionar ante su provocación. Muchas de las cosas que platican los adolescentes no necesariamente quiere decir que las van hacer. Pero sí observan nuestras reacciones y se divierten a nuestras costillas.

"Traje un álbum de tatuajes, madre, a ver si después me ayudas a escoger uno", comenta Andrés en la mesa. La madre deja caer la cuchara con sopa: "¡Quéee! Ni de broma, me oyes, ni de broma te vas a poner un tatuaje. Tú debes saber que se te queda para toda la vida; ¿qué quieres parecer, un vago?", responde furiosa la madre, mientras Andrés voltea a ver a su hermano y ambos sueltan la carcajada.

Cuando la madre revisa el álbum se da cuenta de que son tatuajes lavables. Cayó en su trampa y les proporcionó a sus hijos unos momentos de entretenimiento.

El secreto para no "engancharnos" con nuestros adolescentes, para no reaccionar ante sus provocaciones, es darnos un momento para tomar un poco de distancia. Por eso es que si ponemos por segundos la atención en nuestra respiración, esto puede ayudarnos a ver la situación como si estuviéramos frente a una película. También funciona dar físicamente un paso atrás para distanciarnos energéticamente, y ver con más claridad lo que está ocurriendo.

Prueben estas recomendaciones, porque les aseguro que les pueden ahorrar muchos disgustos y pleitos innecesarios. Recuerden, no es obligatorio que se suban a la montaña rusa con sus adolescentes, pues ya hicieron hace años el recorrido. Lo que sí pueden hacer, es acompañarlos, pero tranquilamente, desde la plataforma.

En los siguientes capítulos, los invito a revisar el manejo del enojo con mayor detenimiento.

capítulo 4

"¡Me sacas de quicio, hijo!"

Cómo manejar nuestro enojo

Mientras un adolescente vocifera furioso en la entrada del super-mercado, el padre dice en voz baja: "Tranquilo, Pedro, tranquilo... No te alteres, Pedro, sereno... Todo está bien, Pedro, no grites..." Una señora lo observa con interés y cuando se lo vuelve a encon-trar en el cajero le dice: "Lo felicito, es admirable la paciencia que le tiene a su hijo Pedro." El padre le contesta: "No señora, yo soy Pedro." *

El manejo del enojo es tan importante que merece un capítu-lo completo. Todos nos enojamos, pero cuando vivimos con un adolescente a veces pareciera como si estuviera minada nuestra casa y en cualquier momento hay el peligro de que esos explosivos detonen. Es decir, un comentario que puede parecer inofensivo, corre el riesgo de prender la mecha que inicie una discusión y termine en pleito. Un gesto del adolescente puede causarnos irritación y acabar en regaños y gritos. Así que es de gran ayuda comprender qué pasa cuando nos enojamos y qué podemos hacer para aprender a expresarlo adecuadamente. En-tonces, más de la mitad de las batallas estarán ganadas, porque podremos ahorrarnos muchos conflictos y riñas. Recuerden que se necesitan dos para pelear. Si dejamos de convertirnos en el contrincante, no habrá posibilidad de contienda.

---

* Adaptado de Bob Phillips, *The Best Ever Book of Good Clean Jokes*, Galahad Books, Nueva Jersey, 1998, p. 167.

Así que los invito a explorar el mundo de las emociones, en especial del enojo, a través de autorreflexión.

El enojo como emoción humana

El enojo es una emoción humana que todos sentimos, aunque algunos con mayor frecuencia o mayor intensidad. La meta no es dejar de enojarnos, sino reconocer nuestro enojo y desarrollar la habilidad para expresarlo de manera consciente. El enojo es una reacción defensiva ante sentimientos como el rechazo, la traición, la injusticia, la decepción, la envidia, la vergüenza, la humillación, el abandono, los celos, el miedo.

Todos estos sentimientos son incómodos y dolorosos, porque nos hacen sentir vulnerables, impotentes y fuera de control. El enojo entonces se convierte en una reacción defensiva que momentáneamente parece darnos lo que necesitamos: fuerza, poder, dominio. Pero el enojo, por fuerte que sea, no sólo no elimina los sentimientos que lo provocaron, sino que una vez que desaparece, si hemos lastimado o herido a otros con nuestro arranque o insultos, nos sentimos aun peor.

El enojo también es una reacción defensiva ante sensaciones como el dolor físico, el cansancio y el estrés. Y en épocas como las actuales, en las que hay un incremento notable de estrés en nuestras vidas, hay también un aumento importante de enojo. Vivimos en muchos momentos en una sociedad enojada y en un mundo enojado. Basta con observar los conflictos internacionales, las guerras y los atentados terroristas. ¿Qué son sino enojo y venganza a nivel masivo?

Pero revisemos lo que pasa en el hogar. ¿Qué nos sucede con ciertos incidentes que en otros tiempos hubieran carecido de importancia?

Un automóvil toma mi lugar en el estacionamiento y me obliga a estacionarme 10 metros más lejos de la entrada. Esto me enoja.

Hay una fila de cuatro personas para depositar en el banco. La persona frente a mí tarda más de lo que yo esperaba para hacer su transacción. Esto me enoja.

Tener que esperar unos minutos o vernos obligados a caminar un poco más serían incidentes insignificantes si no estuviéramos estresados. Pero reaccionamos con irritación, molestia o enojo por la tensión acumulada que nos produce el estrés. Cuando estamos estresados, cualquier suceso se convierte en un pretexto para activar nuestro enojo. Al enojarnos descargamos energía y liberamos momentáneamente nuestra tensión. Pero la mala noticia es que esa tensión regresa, pues el enojo sólo crea más enojo si no atendemos sus causas. El enojo tapa los sentimientos que lo provocaron, que son el resultado muchas veces de necesidades y deseos insatisfechos que hay que tomar en cuenta. Si no escuchamos a nuestro enojo, éste puede irse peligrosamente acumulando y terminar afectando nuestras relaciones, al dañar a las personas que más queremos. Al enojo hay que atraparlo cuando es bebé, si no se convierte en un gigante que nos puede aplastar.

Imaginemos que ha sido enviado un cartero a entregarnos un importante documento. Su cometido es no regresar sin entregárnoslo. Así que se acerca a la puerta y toca. Yo me asomo por la cocina, y como creo que me trae malas noticias, decido no abrir. Entonces él se acerca a la ventana y me hace señas, pero yo finjo no verlo y me retiro a la terraza. El cartero se salta la barda y empieza a dar de gritos. Los vecinos se asoman alarmados pero yo me oculto en mi recámara y cierro las cortinas. Ahora el cartero está dando de alaridos y ha empezado a aventar piedras a mi ventana. El vecindario completo está frente a la casa observando lo que pasa, pero yo me pongo tapones en las orejas para no escuchar.

El enojo es como un cartero que nos trae un mensaje. Si no lo escuchamos seguirá insistiendo, y cada vez se tornará más insistente y agresivo, y no nos dejará en paz hasta que le hagamos caso. Por lo tanto, ¿por qué mejor no recibirlo por la puerta principal y escuchar de una vez por todas lo que nos tiene que decir? Su mensaje puede ser desagradable, pero si lo tomo en cuenta, será posible buscarle solución y continuar con mi vida.

¿Podemos controlar todo lo que nos molesta?

En nuestra vida diaria hay muchas situaciones que detonan nuestro enojo.

Sabrina acaba de llegar del hospital después de pasar toda la tarde atendiendo a su madre que sufrió una embolia. Se siente triste y agotada cuando su hija Melanie se acerca. "Te he estado esperando. ¿Te acuerdas que quedaste en ayudarme con mi proyecto de la escuela? Lo tengo que entregar el viernes."
"Está bien, te ayudo mañana, ahora estoy cansada y ya es muy tarde", contesta la madre. "No, quiero acabarlo hoy porque quedé de ir al cine mañana con mis amigos", replica la hija.
La madre se retira a su cuarto pero Melanie sigue insistiendo: "Tú prometiste. ¡Nunca tienes tiempo para mí! Si no lo termino hoy..." La madre explota: "¡Déjame en paz, por Dios! ¿Me oyes? ¡No te voy a ayudar, ni hoy, ni mañana!"

Tenemos que aceptar que no podemos eliminar las situaciones que nos disgustan. Que aunque logremos cambiar algunas, siempre aparecerán otras. Sin embargo, aunque entendamos que no podemos controlar ni a las personas ni las circunstancias que nos rodean, es ahí donde la mayoría de nosotros ponemos nuestra atención. Pensamos: "Si sólo lográramos que la pareja y los hijos hicieran y fueran como queremos, ¡qué felices seríamos!"

"No me gusta esa blusa que te pusiste, Andrea, está muy escotada. Cámbiatela o no sales con nosotros", le dice el padre. Cuando se suben al automóvil, el padre, molesto nuevamente, la corrige: "No mastiques chicle de esa manera, es vulgar. Escúpelo." Mientras avienta el chicle por la ventana, Andrea aprovecha para decirle a su hermano en voz baja: "Nada de lo que hago le parece. Por eso odio salir con él."

No es humanamente posible eliminar todas las cosas que nos incomodan. Tratar de hacerlo sólo nos deja más frustrados y enojados, y terminamos alejando de nosotros a las personas que más queremos.

Muchas veces insistimos en cambiar a los hijos adolescentes para que sean como nosotros deseamos, y creemos que con ello acabarán nuestros problemas y viviremos todos felices para siempre. ¡Si sólo nos hicieran caso!

"Si sólo Rodrigo levantara sus cosas y fuera más limpio, yo no tendría ninguna queja."

"Si sólo Andrea llegara a la hora que me dice y estudiara como debiera, no estaría enojada y pendiente de ella todo el tiempo."

"Si sólo Eligio no anduviera vestido como pordiosero, no tendría que pelear con él todos los días."

Cuando pensamos así, caemos en *culpar*. Culpamos a los demás por nuestra infelicidad, nuestros problemas y nuestras preocupaciones. Cuando los culpamos nos convertimos en víctimas incapaces de cambiar nuestra situación y nos volvemos dependientes.

"No he dormido de preocupación, hijo, desde que me dijiste que querías dejar de estudiar. Si tu padre se entera, ¿te imaginas lo que ocurrirá?" El hijo mira a la madre desinteresado: "No, no tengo idea. Pero ya no me acuerdo, ¿cuándo te dije que ya no quería estudiar?"

Lo que sí podemos cambiar

Si no nos es posible transformar ni eliminar las situaciones provocadoras a las que nos enfrentamos, ¿qué hacer para sentirnos mejor? La única elección que tenemos es en relación con nuestra persona. Buscamos en el exterior la causa de nuestra molestia, cuando en realidad es lo que pensamos y sentimos acerca de lo que nos pasa lo que determina el grado, la forma y la duración de nuestro enojo.

Tenemos que poner nuestra atención en lo que nos ocurre internamente cuando nos enfrentamos a estas situaciones y saber que lo único que nos es posible controlar es la manera en la cual respondemos ante ellas. Y para cambiar la forma en la que respondemos, necesitamos disminuir nuestro estrés, atender nuestro dolor y modificar nuestras suposiciones, interpretaciones y juicios.

En la vida, lo importante no es lo que nos sucede, sino lo que hacemos con aquello que nos sucede.

Revisemos entonces lo que sí podemos cambiar, empezando por nuestro estrés físico.

Podemos disminuir nuestro estrés

Como les mencioné en el capítulo anterior, el estrés nos vuelve egocéntricos, incapaces de responder adecuadamente ante las necesidades de nuestros hijos. El estrés nos cansa y nos puede agotar al grado de convertirnos en personas fastidiosas, irritables y frustradas. Todo nos molesta y nos cae mal. Todo nos impacienta y perdemos nuestro sentido del humor.

Tómense un momento para revisar las siguientes preguntas.

Preguntas para reflexionar

1. ¿Me quejo frecuentemente de sentirme abrumada por tener demasiado que hacer?
2. ¿Mis hijos y amistades me dicen que siempre estoy de mal humor o enojada? ¿Me irrito por cosas pequeñas?
3. ¿Me siento cansada de todo y de todos?

4. ¿Siento mi cuerpo tenso, me duele la espalda, el cuello? ¿Tengo dolores musculares que trato de ignorar? ¿Tengo dificultades para dormir?

5. ¿Tengo problemas para poner atención, para escuchar a otros? ¿Estoy presente en cuerpo pero ausente en pensamiento?

6. ¿Estoy comiendo de más u olvido comer? ¿La comida se me atora o no tiene sabor? ¿Como muy rápido, con ansiedad?

7. ¿Nunca tengo tiempo para mí?

8. ¿Mi apariencia personal está descuidada?

9. ¿Nunca tengo tiempo para divertirme?

Si contestaron sí a cualquiera de las preguntas anteriores, hay soluciones.

Ayudas positivas para liberar el estrés

Descansen, tomen una siesta

Si la siesta fuera obligatoria en el mundo entero, otro mundo tendríamos. Cuando nos permitimos hacer un alto en el día, nos recuperamos y con ello mejora nuestro estado de ánimo.

Cuando digo "dormir una siesta", no me refiero a que tomen varias horas para descansar; pueden ser solamente 15 o 20 minutos en que se sienten, cierren los ojos y se relajen, antes de continuar con su trabajo.

Hagan menos actividades

Recorten el número de actividades que realizan. La prisa y la presión de tener que realizar todo nos estresa muchísimo. Aunque nos vendan la idea de que se nos va a acabar el tiempo, la verdad es que no tiene sentido hacer más, si el precio es nuestro bienestar. Si son padres de niños pequeños ya tienen trabajo de tiempo completo. Recuerden que el estrés se contagia:

cuando los padres están estresados abandonan emocionalmente a los hijos, y éstos, a su vez, se estresan. Por eso es que:

$$\boxed{\text{Padres estresados}} = \boxed{\text{Hijos estresados}} = \boxed{\text{Familia entera estresada}}$$

En cambio:

$$\boxed{\text{Menos actividades}} + \boxed{\text{mayor atención}} = \boxed{\text{incremento en bienestar}} = \boxed{\text{mejor calidad de vida}}$$

Organícense

Algunas personas son naturalmente ordenadas y organizadas, mientras otras están lejos de serlo. Si este es su caso, no lo utilicen como pretexto, pues todos pueden aprender y mejorar. Hagan un esfuerzo y planeen, porque el resultado será una mejor calidad de vida. El tiempo que invertimos en organizarnos nos libera de contratiempos y nos permite estar más relajados.

Hagan ejercicio

Muchas personas cuando están estresadas se quejan de cansancio y dejan de hacer ejercicio. Sin embargo, el ejercicio nos ayuda a liberar las tensiones musculares del estrés y en especial el enojo; por eso, después de hacer ejercicio, nos sentimos revitalizados y con bienestar. Sentimos una fatiga agradable que nos relaja y nos permite dormir mejor.

Por eso es tan importante que el adolescente practique algún deporte o haga ejercicio y de esa manera canalice su energía. Pero cuiden de no hacer ejercicio hasta el punto de extenuarse.

$$\boxed{\text{Cuerpo relajado}} = \boxed{\text{sensación de bienestar}} = \boxed{\text{pensamientos y emociones agradables}}$$

Cuiden su alimentación

Cuando nos estresamos comemos de más, olvidamos comer o comemos chatarra. Entre más estrés acumulemos, más pendientes debemos estar de mantener nuestros cuerpos bien alimentados para tener la energía necesaria para responder ante la presión. Pues si no nos alimentamos adecuadamente y estamos estresados, bajan nuestras defensas y corremos el riesgo de enfermarnos. Un adolescente en época de exámenes se estresa y necesita estar bien comido para rendir. Desgraciadamente sólo podemos sugerir que se alimente lo mejor posible, pues no está dentro de nuestras posibilidades obligarlo. Sugieran y traten de no sermonear, pues lo único que obtendrán será el resultado contrario: se rebelará y comerá exactamente lo que no debe. Lo mejor que podemos hacer es enseñar con el ejemplo.

Eliminen ruidos innecesarios

No nos damos cuenta de hasta qué grado el ruido estresa, ni de lo ruidosos que son nuestros ambientes. Pero la sobreestimulación pone una carga adicional a nuestro sistema nervioso.

¡Diviértanse!

Si su pareja o sus hijos se quejan de que son aburridos, pregúntense por qué. Trabajar es importante pero si es lo único que hacemos perderemos la capacidad para disfrutar y gozar, y esto nos apartará de los demás, especialmente de la familia.

Propónganse hacer todos los días algo que disfruten: leer un libro, tomar un café con una amiga, ver una película en la televisión. Para hacerlo de una manera consciente, díganse: "Estoy eligiendo hacer algo que me hace sentir feliz."

Y por lo menos una vez a la semana hagan algo que sea especialmente entretenido: ir al cine, a un concierto, salir a pasear o comer fuera. La única manera de seguir en contacto con la alegría de vivir es haciendo cosas que nos ponen contentos. Nadie es responsable de proporcionarnos estos momentos más que nosotros mismos. Ni podemos utilizar el pretexto de falta de dinero, porque hay muchos entretenimientos que no cuestan. Es su responsabilidad buscar y encontrar lo que les proporciona alegría, todos los días sin excepción.

Ayudas adicionales

• Clases de yoga, meditación, ejercicios de relajamiento o cursos para liberar el estrés
• Masajes y aromaterapia
• Música

El inseparable compañero de nuestro enojo: nuestros pensamientos

El enojo nunca viene solo, siempre está acompañado de un inseparable amigo: nuestros pensamientos. No hay uno sin el otro, pues aparecen tomados de la mano y ejercen un efecto mutuo. A veces aparece primero la emoción y después el pensamiento, otras veces es el pensamiento el que precede la emoción, aunque estamos hablando de fracciones de segundo.

Estos pensamientos son voces que forman parte de nuestro diálogo interno, ese constante parloteo de nuestra mente que se da, estemos o no conscientes de ello. ¿Qué son esas voces que hablan en nosotros? Pues son nuestras opiniones, preferencias, críticas, expectativas, juicios, suposiciones, conclusiones y creencias en torno a nosotros mismos y todo lo que nos sucede. Estas creencias son simplemente pensamientos que repetimos una y otra vez, hasta que se convierten en actores principales de este diálogo. Con estas palabras interpretamos todo lo que percibimos de nuestra realidad.

El villano: nuestros pensamientos detonadores

Cuando nos sentimos enojados con nuestro adolescente podemos reconocer la presencia de pensamientos detonadores, es decir, de pensamientos que son el cerillo que enciende mi enojo, que son la gota que derrama finalmente el vaso y nos hace responder con furia ante lo que han hecho. A veces pensamos que es el comportamiento de nuestros hijos lo que se convierte en esa última gota que colma el vaso, pero no es así. Son nuestros pensamientos en relación con su conducta lo que en al final hace que estallemos.

Veamos un ejemplo de estos pensamientos que disparan nuestro enojo en relación con nuestros adolescentes:

Situación provocadora
• Mi hija adolescente olvida recoger sus platos sucios después de comer.

Pensamiento detonador
• "Es una desconsiderada, lo hace a propósito para que yo se los recoja. Es una floja. Sólo piensa en ella misma."

Estos pensamientos por supuesto me enfurecen, y le pego un grito para que venga a ocuparse de sus cosas.

Pero imaginemos otro escenario: acabo de recibir una carta en que me confirman la reservación de los boletos del viaje en crucero que he soñado con hacer. Me siento feliz. Volteo y veo los platos sin lavar de mi hija, y meneando la cabeza pero aún sonriendo, pienso: "Ay, Sabrina, Sabrina, ¿cuándo vas a recordar lavar tus trastes después de comer?" Y, sin dejar de sonreír, empiezo a recogerlos.

La situación provocadora es la misma: la hija no ha cumplido con su responsabilidad, pero lo que cambian son mis pensamientos. En el primer caso son detonadores, en el segundo no. Pero es mi estado de ánimo el que produce ese cambio.

Todo en la vida es cuestión de actitud. De nosotros depende encontrar algo positivo en cualquier situación. Por algo el dicho: "No hay mal que por bien no venga."

Características de los pensamientos detonadores

¿Cómo podemos darnos cuenta cuando nuestros pensamientos son detonadores? Es muy sencillo, estos pensamientos tienen varias características, hay que escucharlos con cuidado para reconocerlos. Un pensamiento es detonador cuando nos convence de que el comportamiento del adolescente:

1. Es una afrenta personal
   "La trae conmigo".

2. Es una situación permanente
   Ver a nuestros hijos mal vestidos, hablando con vulgaridades y como si nunca les hubiéramos enseñado buenos modales; puede parecer muy amenazante si pensamos que así se van a quedar *para siempre*.

3. No tiene solución
   ¿Y qué sucede si pensamos que no hay solución para esta situación? Cuando pienso: "Ya me cansé de tratar de que haga las cosas de otra manera. No tiene sentido seguir insistiendo, de todas formas no va a cambiar", perdemos confianza en la posibilidad de que las cosas mejoren. En pocas palabras, "tiramos la toalla".

En conclusión, si tomamos lo que hace nuestro hijo de manera personal y pensamos que la situación no va a cambiar y que no hay solución posible, podemos imaginarnos por qué nos puede resultar tan amenazante. Cuando nuestros pensamientos nos convencen de que la circunstancia es así de grave, no debe sorprendernos que nos produzca enojo o rabia.

Revisemos otro ejemplo:

Situación provocadora
- La recámara de su hija está tirada y sucia.

Pensamiento detonador
- "Siempre tiene su cuarto hecho un asco. Nunca va a aprender a ser ordenada. Me prometió que lo limpiaría, pero no le importó. Nunca puede darme gusto. Es inútil que siga yo tratando."

Veamos por qué estos pensamientos son detonadores de nuestro enojo:

1. Es personal: "Me prometió pero no le importó, nunca puede darme gusto."
2. Es permanente: "Nunca va a aprender a ser ordenada y limpia."
3. No hay solución: "Es inútil que siga yo tratando."

Los pensamientos liberadores

Pero es posible cambiar esos pensamientos detonantes por pensamientos liberadores, que me den alivio y, por lo tanto, no disparen mi enojo. Para ello necesitamos convencernos de que lo que hace el adolescente:

1. **No es personal**
La mayor parte de las cosas que hace un adolescente no están dirigidas a nosotros. Ellos viven un proceso de cambio e intentan integrarse a sus grupos de amigos. Nuestro adolescente no se viste de tal o cual manera para herirnos o avergonzarnos, sino porque quiere ser aceptado en su círculo de compañeros. Entonces, repítanse una y otra vez, como si fuera un mantra:

Esto no es personal. Esto no es personal. Esto no es personal.

Cuando no tomamos su comportamiento de manera personal adquirimos una nueva perspectiva y podemos ser un poco más objetivos e imparciales.

2. **Es transitorio**
La adolescencia es una etapa de transición. No se van a quedar por siempre así. Por lo tanto, nos podemos relajar. Recuerden dos dichos: "No hay mal que dure cien años" y "Después de la tormenta viene la calma."
Todo lo que aprendieron de niños en relación con buenos modales y cortesía, y que parecen haberlo olvidado, lo recuperarán al madurar.

3. **Tiene solución**
Todo en la vida tiene remedio. Todo. Cuando enfrenten una situación con sus hijos que les esté causando molestia, piensen en algo que los haga sentirse mejor. Recuerden que ustedes están tratando de ayudarse a sí mismos y que tal vez se trata de algo tan sencillo como poner su atención en el arreglo floral de la mesa en vez de ver cómo su hijo mastica chicle con la boca abierta. O recuerden que hace unos años, cuando aún era niño, era diferente y que, por lo tanto, puede volver a cambiar. Cuando las cosas tienen solución nos aligeramos y nos relajamos, pues vuelve a nosotros la esperanza y el optimismo.

Revisemos nuevamente las situaciones que tratamos anteriormente, pero ahora sustituyamos los pensamientos detonadores con pensamientos liberadores:

Situación provocadora
• Mi hija adolescente olvida recoger sus platos sucios después de comer.

Pensamiento liberador
• "Se distrajo y no recogió sus platos. Cuando era más pequeña siempre los recogía. La llamaré para que los recoja."

Situación provocadora
- "Mi hijo adolescente arrastra los pies y mastica el chicle con la boca abierta. Me dice que se le olvidó su cuaderno en casa de su amigo y que si lo puedo llevar a recogerlo."

Pensamiento liberador
- "No siempre se va a ver así; su cuerpo está cambiando. Voy a poner mi atención en otra cosa para que no me moleste. Lo llevaré cuando salga para ir al mercado."

¿Sintieron alivio cuando leyeron estos pensamientos? Claro que sí. Lo que puede en un momento parecernos muy grave, en otro deja de tener importancia. Cuando vemos con cierta distancia lo que le ocurre a nuestros hijos, lo ponemos en perspectiva, con lo que reubicamos nuestras prioridades.

Mayra siempre había sido excelente estudiante, pero en este segundo año de secundaria sus calificaciones han bajado notablemente. Por más que trata, no logra interesarse en las materias; hay muchas otras cosas que reclaman su atención. Está interesada en Ernesto y le preocupa no ser correspondida. Pasa horas arreglándose para tratar de llamarle la atención, pero no está segura de gustarle. Sus padres están muy preocupados y han amenazado con castigarla, pero aunque Mayra quisiera darles gusto, se siente sumamente presionada. Entre más la regañan, peor parece irle en la escuela.

Los padres de Mayra tienen dos opciones: alimentar sus pensamientos detonadores o apoyarse en pensamientos liberadores. Revisemos la primera:

Pensamientos detonadores
- "Mayra va a reprobar y nunca va a volver a ser una buena estudiante. Está arruinando todas sus oportunidades. No va a poder ir a una buena universidad."

Pensamientos liberadores
- "Mayra siempre fue buena estudiante, pero está en un proceso de cambio y su prioridad en este momento son sus in-

tereses sociales. Es muy importante que se sienta aceptada por sus compañeros. Aunque quiere darnos gusto, no puede con tanta presión. Está bien que pase de año escolar, aunque sea con bajas calificaciones. Es inteligente y confiamos en que volverá a interesarse nuevamente en sus estudios."

¡Qué diferencia! Los padres ya pueden respirar. Comprenden lo que está pasando en la vida de Mayra y saben que las cosas volverán con el tiempo a la normalidad. En vez de presionarla tratan de ayudarle para que se sienta con más confianza y seguridad en sí misma, y al sentirse apoyada, Mayra se siente menos estresada. Poco a poco recupera su nivel académico.

Cuidado con los "siempres" y "nuncas"

Muchos padres se preocupan innecesariamente. Si sólo se tomaran el tiempo para escuchar con detenimiento su diálogo interno, se darían cuenta de lo absurdo que es. A veces sus mensajes son fatalistas, y una manera de reconocerlos es estar alerta a los conocidos "siempres" y "nuncas":

- *"Siempre* me contesta mal"
- *"Nunca* hace su tarea "
- *"Siempre* ignora a mis amistades "

Cuando decimos un "siempre" o un "nunca", debería encenderse interiormente una luz roja intermitente que nos advirtiera que estamos a punto de decir algo que no conviene.

Una manera de suavizarlo es comenzar por sustituir el "siempre" por "muchas veces" o "frecuentemente". Imagínense que les están dejando por lo menos una pequeña puerta de salida. Después sustituyan por "a veces" o "en algunas ocasiones"; así les habrán puesto una puerta de buen tamaño o quizás hasta una ventana.

El "nunca" cámbienlo por "pocas veces" o "no muy seguido". De ahí pueden pasar a "algunas veces". Cuando reconocemos lo positivo que hace el adolescente, lo alentamos para que siga mejorando.

Recuerden: "Esperen lo mejor y recibirán lo mejor." Desgraciadamente, también es cierto lo contrario: "Esperen lo peor y recibirán lo peor."

Qué hacer si ya nos enojamos

Pero, ¿qué hacemos cuando ya explotó la dinamita? Si sentimos cómo el enojo recorre nuestros cuerpos y se apodera de nosotros lo que llamo, en forma de broma, el "instinto asesino", ¿cómo debemos reaccionar?

Antes de abordar el manejo adecuado del enojo, quisiera que se tomaran un momento para revisar sus reacciones ante el enojo.

Preguntas para reflexionar

1. ¿Cómo reacciono cuando me enojo? ¿Lo reprimo?
2. ¿Me enojo con facilidad? ¿Es muy intenso mi enojo?
3. ¿Culpo a los demás por mi enojo?
4. ¿Me siento culpable cuando me enojo y después trato de compensar siendo muy cariñosa y complaciente?
5. ¿Dejo de hablar y "castigo con mi silencio" cuando me hacen enojar?
6. ¿Evito el conflicto y el enojo de los demás? ¿Hago cualquier cosa con tal de que no se enojen?
7. ¿Pierdo la cabeza cuando me enojo y después no recuerdo lo que ocurrió?
8. ¿Insulto y humillo cuando me enojo? ¿He perdido amistades por mis reacciones de enojo?
9. ¿Grito o golpeo cuando me enojo?
10. ¿Amenazo o chantajeo con mi enojo? ¿Me tienen miedo cuando me disgusto?

Son muy pocas las personas que a sangre fría lastiman o golpe-
an a un niño o a un joven, pero, como podemos ver por la lista anterior, son muchas las que, por no saber cómo manejar su
enojo, se dejan llevar por su ira y terminan haciendo o diciendo lo equivocado.

Así que veamos los pasos para aprender a manejar adecuadamente nuestro enojo.

Manejo adecuado del enojo

1. **Reconozco mi enojo**
   Lo primero que tenemos que hacer es decir, en voz alta,
   "Estoy enojado" o, si es el caso, "¡Estoy furioso!"

   El enojo se siente porque es una energía, y sus efectos son
   visibles y muy claros: tensamos la quijada, contraemos
   nuestros músculos, alteramos nuestra respiración y fijamos
   la mirada. Es importante que lo que nuestro hijo siente
   coincida con lo que ve cuando nos enojamos; para ello necesita escuchar que estamos enojados.

   Porque si, por el contrario, cuando nos pregunta: "¿Estás
   enojado?", contestamos tratando de ocultar nuestra molestia: "No, no estoy enojado", entonces reprimimos nuestro
   enojo y confundimos al hijo mandándole mensajes que se
   contraponen.

   Así que el primer paso en el manejo de las emociones,
   cualesquiera que sean, es reconocerlas. Decir de una manera muy clara: "Sí, estoy molesto", o enojado, o furioso, se-
   gún el caso. Y una razón muy importante para decirlo en
   voz alta es que tomemos conciencia de que estamos en una
   zona de peligro: "Estoy enojado y corro el riesgo de gritar,
   insultar o hasta pegar." Como una señal de alerta, tomamos
   el siguiente paso.

2. Me responsabilizo de mi enojo y me retiro

Sólo yo soy responsable de mis emociones. Mis hijos son responsables de las suyas, pero no de las mías. Si yo me molesto o me enojo por su comportamiento, ellos no son responsables de este enojo. Yo elijo cómo responder ante lo que ellos hacen. Puedo elegir reírme, ofenderme, enojarme o ignorar el asunto. Es mi decisión. Pero muchas veces no nos gusta responsabilizarlos de nuestras emociones:

"¿Quieres que me enoje?"
"Si lo vuelves a hacer, ¡me voy a enojar!"
"Síguele, síguele... ¿me quieres ver enojado?"

En vez de culparlos por nuestro enojo, tenemos que hacernos responsables y saber que:

Enojarse se vale, lo que no se vale es lastimar.

Por eso, siempre que sea posible, hay que retirarnos cuando estemos muy enojados, para no sucumbir ante la tentación de decir algo de lo que después nos vayamos a arrepentir, o de dar un grito, un jalón o un golpe, al dejarnos arrastrar por la rabia.

"¡Dije que te sientes, me oyes, que te sientes!", dice la madre mientras arrastra a la hija del brazo y la avienta sobre la silla.
"Ay, mamá ¡me lastimas!", se queja la hija, sobándose el brazo.
"No exageres", le responde la madre, "sólo te senté."

Cuando estamos enojados no medimos nuestras fuerzas. Estamos intoxicados de hormonas, pues el cuerpo se ha preparado para defenderse o huir, y tenemos energía adicional de la que no somos conscientes. Pero la persona a la cual jalamos, empujamos o arrastramos sí la percibe. Por eso recomiendo que los papás entrelacen sus manos por detrás de su espalda cuando estén enojados con sus hijos,. Porque lo que para la persona enojada es un simple "tomarlo del brazo" para el otro es un acto de hostilidad.

También ayuda tener frases preparadas cuando reconocemos que nos estamos molestando:

"Estoy muy enojado. Me voy a calmar y después hablo contigo." Retírense. Sí, es preferible "aquí corrió que aquí murió". Pero cuando esto no sea posible, *cierren la boca y entrelacen sus manos por detrás de su espalda.*

3. **Suelto mi enojo**
Revisemos ahora qué hacer una vez que nos retiramos. Si estamos frente a un niño pequeño que pregunta: "¿Y qué vas a hacer?", podemos responderle: "Voy a pensar cosas bonitas para sentirme mejor. Cuando esté contento regreso"; o: "Voy a soltar mi enojo y después regreso."

Les daré unas sugerencias, pero de ustedes depende que experimenten y encuentren la que les sea más atractiva.

Sugerencias para soltar su enojo

• *Hagan algo físico* que ayude a que se reabsorban las hormonas en el organismo:

Caminen, corran, golpeen una almohada, pateen una pelota o griten, pero recuerden que la regla es "sin lastimar a nadie". Como recomienda la autora de *Cuando se atraviesa la línea*, Anne Katherine, pueden advertirles a sus hijos, siempre y cuando no sean pequeños, que van a gritar porque quieren soltar su enojo.

Una amiga comentó conmigo lo que llama "la mejor y más barata terapia del mundo para soltar el enojo": se sube en su automóvil guardado en la cochera y, con las ventanas cerradas, se pone a gritar hasta que suelta toda su rabia.

• *Escriban.* Esto funciona muy bien, especialmente si están en un lugar público donde no pueden expresar su enojo de manera física.

Primera parte

Tomen un papel y escriban, sin cuidar ni su letra ni la ortografía, todo lo que cruce por sus mentes, por absurdo o terrible que les parezca. No censuren ni juzguen, simplemente escriban lo más rápido y suelto que puedan. No se preocupen si son groserías o deseos "asesinos", pues al escribirlos los están sacando de su cuerpo y se están liberando de ellos. Visualicen cómo todo ese malestar sale de sus mentes por su brazo y se plasma a través de la escritura.

Es muy importante que, cuando terminen, rompan el papel y lo tiren al basurero, o mejor aún, si es posible –ya que es más gráfico–, al inodoro. Al ver cómo desaparecen los pedazos, piensen: "Esto es basura, es porquería, y se va con la porquería."

Segunda parte

Ahora escriban lo que sí quieren, lo que les gustaría que fuera y lo que los hace felices. Escriban de la misma manera, de forma suelta, sin pensar mucho y sin preocuparse de la letra o la coherencia de lo que escriben. Pongan toda su atención en cómo quisieran que fueran las cosas. Empezarán a sentirse cada vez mejor, pues habrán dejado atrás su rabia, y ahora se sentirán más calmados. Si continúan enfocando su atención en lo que los hace felices, por uno o dos minutos más, empezarán a estar contentos. Al contrario de las otras hojas, éstas guárdenlas en un lugar especial y díganse de manera consciente: "Esto es lo que sí quiero."

Ana está muy disgustada con su hija porque no le avisó que iba a llegar tarde y estuvo preocupada esperándola. Ana toma una primera hoja y escribe todo lo que le molesta de esta situación. Escribe que piensa que su hija es una desconsiderada y se merece un terrible castigo, y que está harta de que no la tome en cuenta, etcétera. Cuando termina de redactar dos hojas y se siente más aliviada, rompe las hojas y las tira al basurero. "Esto es basura", se repite.

Y ahora toma una hoja limpia y empieza a escribir cómo le gustaría que fuera esta situación. Se imagina a su hija llamando por teléfono de la fiesta y avisándole a qué hora va a llegar. Luego la ve llegar justo a la hora que le dijo, y la recibe con mucho gusto. Se siente muy contenta a su lado. Al finalizar toma las hojas y las guarda en una caja que tiene en su escritorio con el título "Esto es lo que quiero". Ana respira tranquila.

4. Analizo las causas de mi enojo

Así como hay que esperar a que la persona alcoholizada esté sobria para razonar con ella, tenemos que dar tiempo a que estemos calmados, es decir, hasta que toda la descarga hormonal haya sido reabsorbida por el cuerpo, antes de tratar de analizar la razón de nuestro enojo. ¿Y por qué es necesario este paso? Pues porque, de otra manera, no vamos a la verdadera causa y nos seguimos enojando.

Para hacer este análisis, hay que tomar en cuenta tres preguntas:

a. ¿De dónde viene realmente mi enojo?

Aquí la palabra clave es "realmente", porque ponemos nuestra atención en la situación provocadora, pero olvidamos que ésta es solamente la mecha y que la dinamita es otra. Necesitamos con toda honestidad ver el contexto donde nos enojamos, para revisarlo e identificar cuál es la causa de nuestro enojo, es decir, "ver atrás de bambalinas", ver más allá de la circunstancia que nos alteró.

Celia acaba de enterarse de que su esposo tiene una amante. Suena el teléfono y es la escuela que le avisa que su hijo reprobó una materia y tendrá que quedarse a un curso de regularización en las tardes. Cuando el hijo entra a la casa, la madre le empieza a gritar: "¡Para divertirte si estás bueno! ¡¿verdad?! ¡Pero no para la escuela! ¡Eres un vago! ¡Ni pienses que yo voy a pagarte el curso de regularización, y tampoco te pienso llevar! ¡¿Me oyes?! ¡Arréglatelas como puedas!"

En este caso el hijo paga los platos rotos. El verdadero enojo es hacia el padre, que le ha sido infiel, pero su ira la dispara contra el hijo que ha reprobado. Si la madre se detiene un momento, se dará cuenta de que es injusto que el hijo reciba lo que realmente corresponde al padre. Pero en otras circunstancias, el enojo lo vamos depositando como en un almacén, y un pequeño incidente hace que detone la carga completa. Una clave para saber si tenemos un depósito de enojo es ver si nuestra reacción es desproporcionada en relación con el incidente que aparentemente la desató.

Gina es una madre muy paciente, bien humorada por lo general y complaciente. Una mañana se levanta y se percata de que su hija adolescente Selene no le dio de comer al perro como le había dicho. Siente algo de enojo, pero trata de ignorarlo. Cuando va a recogerla al colegio, Selene se tarda media hora en salir porque está platicando con sus amigas. Al llegar a casa, la hija dice que no le gusta la comida que preparó su madre, y se hace un sándwich. A las 10:00 p.m. la madre se da cuenta de que no ha hecho la tarea y sigue chateando por internet con sus amigas. Ante el asombro de la hija, la madre explota, pegándole de gritos a la vez que la jala de la espalda: "¡Estoy harta, pero verdaderamente harta, eres una irresponsable, quién te has creído? ¡¿Pero quién te has creído?!"

Gina ha ido juntando muchos enojos, no sólo de ese día sino de días pasados, y al no darles salida se han ido acumulando hasta que, a las 10:00 de la noche, explotan todos juntos como una bomba, para sorpresa de su hija, que no tiene idea por qué está tan furiosa.

Cuando reprimimos nuestro enojo, éste se convierte en lo que sería una especie de ampolla llena de pus que, si no la atendemos, acaba infectando toda nuestra vida emocional. Y al afectarse nuestra vida emocional, nuestro cuerpo también lo resiente. Es bien sabido que hay muchas enfermedades relacionadas con el enojo. Por eso es tan importante aprender a soltarlo de una manera adecuada sin lastimarnos ni a nosotros mismos ni a los demás.

En conclusión, nuestra tarea es revisar y preguntarnos:

• ¿De dónde viene mi enojo?
• ¿Por qué estoy realmente enojada?
• ¿Es proporcionada mi reacción respecto del incidente que "la causó"?
• ¿O es un depósito de enojo que he venido acumulando y necesita salir?

b. *¿Qué obtengo con mi enojo?*

Si ya tenemos la costumbre de enojarnos, es importante considerar esta pregunta, porque seguramente algo estamos obteniendo al enojarnos con frecuencia. Al igual que los niños, cuando repetimos algo es porque nos "funciona" y, si recibimos lo que queremos enojándonos, pues lo continuaremos haciendo. Nuevamente, necesitamos ser honestos y muy claros al observarnos a nosotros mismos para discernir esos juegos. A algunos les gusta llamarlos "ganancias ocultas", porque no están a la vista. Por ejemplo, hay personas que están muy habituadas a recibir atención con su mal humor, pero no se han dado cuenta de ello.

Veamos algunas razones por las que tal vez no nos convendría dejar de enojarnos. Quizás enojarnos se ha convertido en una forma de:

• Manipular, amenazar o controlar, pues los demás se intimidan y, así, tengo la batalla ganada: "¿Quieres que me enoje?" "¡Te advierto que me voy a enojar!" "¡Síguele y me enojo!"
• Recibir atención. Cuando me enojo, todos están muy ocupados conmigo, todos me hacen caso: "¿Qué tie-

nes?" "¿Por qué estás molesto?" "¿Qué te pasa?" "Por favor, no te enojes."

- Castigar: "Estoy enojado y no te hablo." "Estoy enojada y no te preparo de cenar." "Estoy enojado y no te doy permiso de salir."

"¿Qué te pasa, Ronaldo?", le pregunta Ariel a su compañero de clases.

"Es que mi madre amenazó con no hablarme en una semana", le contesta aquél.

"¿Y por eso estás tan deprimido?"

"Sí, es que hoy es el séptimo día."

Cuando descubrimos estos juegos, sentimos vergüenza y pena por haber manipulado a los demás. Pero una vez que nos damos cuenta de ello, podemos empezar a cambiar. Como dice un dicho alemán muy sabio:

"Darse cuenta es el mejor camino para mejorar."

Podemos hablarnos de frente y decir: "Basta, se acabó. No me permitiré seguir haciendo esto. Tengo que satisfacer mis carencias emocionales de otra manera." De nosotros depende poner fin a estos hábitos y dejar de manipular a través del enojo.

c. *¿Cuál es la necesidad insatisfecha?*
Esta tercera pregunta es la más importante, porque es el meollo del asunto: ¿Qué me está haciendo falta que estoy enojado? Porque, al final, el enojo es sólo un síntoma, es decir, un indicador de que algo está fuera de orden, de que me estoy sintiendo impotente, desprotegido y vulnerable. El enojo surge como una defensa automática que nos dice que hay algo importante que atender. Como la luz intermitente en el tablero del automóvil que nos comunica que estamos bajos de combustible y que no deja de encenderse hasta que hayamos puesto gasolina, el

enojo no dejará de aparecer hasta que hayamos satisfecho nuestras necesidades básicas.

Entre estas necesidades tenemos las siguientes:

- A nivel físico: sentido de bienestar, al estar descansado, bien alimentado y sin dolor físico
- A nivel emocional: atención, amor, aceptación y seguridad
- A nivel social: sentido de pertenencia
- A nivel espiritual: sentirse conectado con algo superior

De ahí se ramifican muchas otras necesidades que tenemos que tomar en cuenta para sentirnos bien. A nosotros nos compete revisar qué nos está haciendo falta y poner el remedio necesario.

5. **Me perdono**

Una vez que haya analizado mi enojo, el siguiente paso es perdonarme si estallé. Porque me puedo sentir muy mal conmigo mismo cuando me doy cuenta de cualquiera de las siguientes situaciones:

- Que he lastimado a otras personas (humillado, gritado, golpeado)
- Que me he lastimado a mí mismo
- Que he culpado a otros por mi enojo
- Que he utilizado mi enojo para manipular, controlar, amenazar o castigar

Si no me perdono, me quedo atorado en la culpa y no puedo dar el siguiente paso para hacerme responsable. Cuando nos sentimos culpables surge la tentación de tratar de complacer al hijo o dejarnos manipular por ellos.

"Déjame en paz, por Dios, ya te dije que estoy cansada. ¡Si me vuelves a molestar te voy a castigar!", le grita Rocío a su hija adolescente. La madre se encierra en su cuarto pero después de un rato empieza a sentirse culpable. "Está bien, ¿que quieres?", le pregunta a la hija. Al olfatear el sentimiento de culpa de la madre, la hija aprovecha astutamente la ocasión. "Quiero que me lleves al centro comercial a comprarme la falda que me prometiste... y unos zapatos que hagan juego", agrega rápidamente.

¿Creen que esta madre podrá negarse a complacer a su hija? Claro que no. La voz de "la Culpa" la convence de que se ha portado como un ogro, y lo menos que puede hacer es darle gusto. Cuando escuchamos a la Culpa, perdemos, recuérdenlo, ¡siempre perdemos!

Por eso es importante perdonarnos, lo que significa darnos cuenta de que somos humanos y que se vale fallar. Quiere decir que aceptamos nuestras debilidades y que nuestros errores son parte de nuestro aprendizaje. Entonces, en vez de quedarnos sintiéndonos infames, damos el siguiente paso para asumir nuestra responsabilidad.

6. **Me responsabilizo del impacto que produje: ofrezco disculpas**
Cuando expresamos nuestro enojo de manera inadecuada, es decir, cuando lastimamos o humillamos a otros, necesitamos asumir nuestra responsabilidad. Tomemos los ejemplos anteriores para revisar cómo pueden los padres en esas situaciones aceptar su responsabilidad.

En el ejemplo de Celia, que le grita y humilla a su adolescente, cuando en realidad su enojo era hacia su esposo infiel, ella puede, una vez calmada, decirle a su hijo:

"Hijo, quiero pedirte una disculpa por haberte insultado cuando llegaste a casa. Es cierto que no me da gusto que hayas reprobado una materia, pero mi enojo en realidad tiene que ver con las dificultades que estoy teniendo con tu padre, que nada tienen que ver contigo. Quiero disculparme por haberte faltado al respeto."

En el caso de Gina, que jalonea y le grita a su hija después de varios incidentes acumulados, la madre podría decir:

"Hija, siento haberte gritado y jalado de esa manera. A veces no sé expresar mi enojo cuando hay cosas que me molestan, y en vez de tratar cada cosa en su momento, dejo que se acumulen y luego exploto. Voy a tratar de decirte cuando algo me disguste; de esa manera tú y yo podemos, en ese momento, buscar una solución."

Asumir nuestra responsabilidad en estos casos significa disculparnos con las personas que lastimamos. En mis cursos invariablemente me preguntan los padres si, al disculparse con su hijo, no pierden autoridad. Tengo que aclarar que, por el contrario, cuando un padre reconoce su error, crece en estatura frente a sus hijos. Es muy importante que les demos el ejemplo de cómo responsabilizarnos de nuestros actos, cómo asumir las consecuencias del impacto que tenemos sobre los demás. Cuando un hijo escucha que su padre es capaz de disculparse, aprende a tener la humildad de mostrar que se equivocó. Pero tenemos que aprender a disculparnos como adultos y no perder nuestro lugar como padres de familia al hacerlo. Por eso les recomiendo que no pidan perdón, ni pregunten; que mejor ofrezcan sus disculpas y dejen a los hijos en libertad de aceptarlas o no. Miren la diferencia:

Con voz asertiva:

"Hijo, me quiero disculpar contigo. Lo que hice estuvo equivocado. Siento mucho haberme enojado de esa manera y haberte faltado al respeto."

Con voz suplicante:

"Hijo, ¿me perdonas? Lo que hice estuvo equivocado. ¿Sí me perdonas? Por favor, hijo, ¿me perdonas?"

Cuando pedimos que nos perdonen, corremos el riesgo de que nos contesten que no y terminemos rogando o siendo manipulados. En pocas palabras, acabamos como otro adolescente frente a nuestro adolescente y perdemos nuestro lugar como adulto. Así que mejor no se arriesguen, repítanse:

"Me disculpo con mi hijo sin olvidar que soy su padre. Recuerdo que yo soy el adulto en esta situación."

7. **Me doy lo que necesito**

Este último paso está ligado al paso 4, donde analizamos las causas de nuestro enojo, pues de nada sirve saber por qué estamos enojados si no buscamos e implementamos la solución. Este es el paso más importante en el manejo de cualquier emoción, pues, de no hacerlo, seguiremos enojándonos. El remedio varía de persona en persona. Para una puede ser descansar o reducir el número de actividades con el fin de disminuir el estrés. Para otra, hacer ejercicio o buscar entretenimientos que lo diviertan y relajen. En otro caso, trabajar con su autoestima, para no tomar todo de manera personal o como ofensa; o trabajar con sus creencias equivocadas y los pensamientos detonadores.

Sólo nosotros podemos identificar y atender nuestras necesidades insatisfechas, pues nadie más es responsable de nuestro bienestar. A veces queremos culpar a nuestros padres, a la pareja o al hijo adolescente, pero la verdad es que cada uno de nosotros tiene que hacerse responsable de sí mismo. Las preguntas que constantemente tenemos que tener presentes son:

- ¿Qué me hace falta para sentirme bien?
- ¿Qué necesito hacer o dejar de hacer para sentirme mejor?
- ¿Qué me da alivio?
- ¿Qué me relaja y me pone de buen humor?
- ¿Qué me aligera y hace sentir feliz?

Pero la respuesta a cualquiera de estas preguntas no puede ser:

"Para que yo sea feliz, necesito que cambie mi adolescente. Que se comporte como a mí gusta, y se vista como yo deseo. Si él me complace, yo estaré contenta."

Si nuestra felicidad depende de lo que nuestros hijos hacen o dejan de hacer, siempre viviremos a expensas de ellos, tratando de controlar sus vidas para sentirnos satisfechos. Y ellos estarán descontentos intentando apartarse de nosotros para autodescubrirse y autodefinirse.

Recordemos que nuestros hijos no están aquí para hacernos felices ni para complacernos. Ellos tienen sus propias lecciones que aprender y sus propios caminos que recorrer. Busquemos en nuestro interior la alegría de vivir. Aprendamos a sentirnos contentos, sin depender de persona alguna, dirigiendo nuestros pensamientos y nuestra atención hacia aquello que nos dé bienestar. Cuando nos demos cuenta de que nuestra felicidad no depende más que de nosotros mismos, entonces seremos realmente libres.

Afirmación

☆ *Yo asumo la responsabilidad de crearme la realidad que deseo.*

capítulo 5

"¡Auxilio, mi adolescente está enojado!"

Cómo manejar el enojo del adolescente

"¿Cómo se te ocurre patear a tu hermano en el estómago?", le pregunta indignado el padre.

"No es mi culpa, ¿para qué se voltea?", le contesta el hijo.*

En el capítulo anterior revisamos qué hacer cuando nos enojamos con nuestro adolescente. Pero, ¿qué pasa cuando son ellos los que se enojan? Si su hijo ya es un adolescente, estará de acuerdo conmigo en que ¡nada puede ser más agotador que enfrentarlo enojado!

Un adolescente discute enojado con su madre, cuando interviene el padre tratando de calmarlo: "Pero Salvador, ¡es tu madre!"

"¡Y yo qué culpa que tú la hayas escogido!", le contesta el hijo furioso.

Examinemos los mismos siete pasos, pero ahora en relación con el enojo del adolescente.

1. Reconozco su enojo

Es de gran ayuda decir en voz alta: "Me parece que te sientes enojado." O preguntar: "¿Te sientes enojado?"

---

* Tomado de Bob Phillips, *The Best Ever Book of Good Clean Jokes*, Galahad Books, Nueva Jersey, 1998, p. 132.

Tal vez piensen que esto es obvio para los dos pero, al decirlo en voz alta, ambos están tomando conciencia de que hay peligro de que el enojo escale y terminen agrediéndose. Eviten decirle: "¡Estás enojado!", pues el adolescente puede sentirlo como una agresión y, en vez de mejorar, empeora la situación. "¡A mí no me vas a decir cómo estoy!"

2. Valido su enojo

Inmediatamente después validamos la emoción, porque recuerden que enojarse se vale. Todos tenemos derecho a enfadarnos y con esto podemos empatizar con nuestro hijo.

- "Entiendo que eso te enoje."
- "Comprendo tu enfado."
- "Sé que te enoja mucho que tu hermana tome tus cosas."

Eviten comentarios como:

- "¿Por qué te enojas?"
- "No es para tanto, no te enfades."
- "No exageres, no te molestes."

Si no lo hacemos, el mensaje que le damos al hijo es que no está bien que se enoje o que está mal por enojarse. El joven de temperamento colérico, que tiende a enfadarse con más facilidad y mayor intensidad, puede razonar:

"Yo debo de estar mal, pues me dicen que no tengo por qué enojarme, pero la verdad es que sí estoy enojado."

3. Lo ayudo a soltar su enojo sin lastimar y, si es necesario, pongo un límite a su comportamiento

En vez de descontar sus sentimientos, hay que validarlos. Hay que decirle: "Entiendo que estés molesto", y si está muy enojado, es preferible esperar a que se calme antes de intentar dialogar: "Me interesa saber qué te pasa pero es mejor que te calmes y después hablamos."

Pero si está lastimando a otros o maltratando las cosas hay que ponerle un límite:

- "Gilberto, entiendo que estés muy enojado por lo que ocurrió en tu partido de futbol, pero no puedes patear los muebles."
- "Sandra, estoy de acuerdo en que estés molesta porque tu hermana te manchó tu blusa, y entiendo tu enojo, pero no puedo permitir que rompas sus cosas."
- "Yanira, sé que estás furiosa por que no te invitaron y lo entiendo, pero no puedes desquitarte con tu hermano."

Pero hay veces en que lo que necesitamos hacer es redirigir lo que están haciendo, es decir, canalizar su energía en otro sentido. Así se les enseña que hay muchas maneras de soltar su enojo sin lastimar a nadie.

- "Hijo, si quieres patear, sal a patear una pelota al jardín."
- "Si quieres golpear, pégale a esa almohada."
- "Si quieres gritar lo puedes hacer afuera."

Pero si están descargando su rabia en nosotros, hay que decirles de manera muy clara:

> "Entiendo que estés furioso, pero mientras te calmas yo me voy a retirar a mi cuarto. Cuando estés más tranquilo podemos hablar."

Otra opción es proponerles que sean ellos los que se retiren hasta calmarse, pero es muy importante saber que no podemos obligarlos, así que, si se niegan, somos nosotros los que tenemos que apartarnos. No debemos de darles la impresión de que irse a su cuarto es un castigo, sino una forma de hacer una pausa y recuperarse. Si hemos dado el ejemplo de aislarnos cuando estamos enojados, es más fácil que a ellos se les ocurra hacer lo mismo cuando estén molestos, y no lo sientan como una agresión cuando se lo sugerimos.

"Tomás, entiendo que estés muy molesto. Vete un rato a tu cuarto y haz lo que tengas que hacer para sentirte mejor. Después, si quieres, hablamos."

Muchos adolescentes se calman escuchando música, platicando con los amigos, saliendo a correr o haciendo un deporte. Hay que alentarlos para que encuentren "su manera" de soltar su rabia de manera inofensiva.

4. Lo animo para que analice su enojo

• Escuchar y dialogar

Una vez que esté calmado hay que permitirle que exprese su enfado de una manera directa, franca y clara. Tenemos que interesarnos genuinamente en lo que le pasa y para eso hay que escucharlo. Comparto con ustedes el siguiente escrito, muy atinado, de una autora anónima:

> ¿Me podrías escuchar?
> Cuando te pido que me escuches y me empiezas a dar consejos no has hecho lo que te pedí.
> Cuando te pido que escuches y empiezas a decirme que no debería sentirme así, estás pisoteando mis sentimientos.
> Cuando te pido que me escuches y sientes que tienes que hacer algo para arreglar mi problema, me has fallado, por raro que esto te parezca.
> ¡Escucha! Todo lo que te pido es que me escuches, no que hables o hagas algo, nada más escúchame.
> Yo me las puedo arreglar sola, no estoy incapacitada, a la mejor desalentada y equivocada, pero no incapacitada.
> Cuando haces por mí algo que yo puedo y necesito hacer por mí misma, contribuyes a mi miedo y sentido de inadecuación.
> Pero cuando aceptas el hecho de que me siento como me siento, no importa lo irracional que esto puede ser, entonces puedo dejar de tratar de convencerte y ponerme a buscar qué hay detrás de ese sentimiento. Cuando lo aclaro, las respuestas son obvias y no necesito consejos. Los sentimientos irracionales dejan de serlo cuando comprendemos qué hay detrás de ellos.

Quizá por eso funcionan las oraciones y rezos para algunas personas, porque Dios es mudo, y no da consejos o trata de arreglar las cosas. Sólo escucha y deja que nosotros resolvamos nuestros problemas.

Así que, por favor, escúchame. Y si quieres hablar, espera un minuto a que te toque tu turno y yo te voy a escuchar a ti.

Como bien lo explica esta joven, escuchar significa abrirnos para comprender qué le sucede y cómo se siente, sin interrumpir, ni juzgar, ni opinar. Esto no quiere decir que no podamos tener nuestra propia perspectiva ni supone que tengamos que estar de acuerdo.

Cuando se exprese el adolescente hay que pedirle que hable en primera persona utilizando el "Yo..." en vez de hacerlo en segunda persona, "Tú...", que se presta para acusar y culpar.

Y como dice Karin Vagiste en su libro *Controla tu enojo y soluciona el conflicto*, una fórmula eficaz para expresar las emociones es diciendo:

"Cuando..."	(Describe la situación)
"Yo me sentí..."	(Dice todo lo que siente)
"Y lo que necesito es..."	(Menciona cómo podría sentirse mejor)

Cuando el adolescente nos esté hablando es importante no ponernos a la defensiva, cambiar el tema, burlarnos, ser sarcásticos, avergonzarlos o recriminarlos con sucesos pasados. Si queremos que el adolescente sea respetuoso, tenemos que empezar dando el ejemplo.

Pero puede suceder que, cuando nos empiece a contar, se vuelva nuevamente a enojar. Hay que permitir que se exprese y se desahogue, pero nunca a expensas nuestras. Es decir, no podemos aceptar que sea sarcástico, que nos insulte o nos degrade. Si así fuera, hay que ponerle un alto y decirle claramente: "No puedo seguir escuchándote, necesitas calmarte y después hablamos." Este es un límite que tenemos que tener muy claro, pues por ningún motivo debemos permitir las faltas de respeto o el abuso.

Si hay hermanos pequeños, éstos se pueden asustar, por lo que hay que protegerlos. Si es necesario, hay que tener estos intercambios a puerta cerrada o fuera del hogar.

Si ya hemos intentado dialogar en casa pero sin éxito, otra alternativa es citar al hijo en un café o restaurante. Al hacerlo le estamos dando el mensaje, sin palabras, de que nos importa lo suficiente para hacer un espacio en nuestra vida ocupada para atenderlo, y se puede sentir muy halagado. La ventaja de estar en un lugar público es que nos obliga a cuidar los "buenos modales" y mantener la cordura. Muchos conflictos se pueden resolver pacíficamente mientras disfrutamos de una deliciosa comida.

• Cuando nos proyectan su enojo

A veces los hijos están molestos por alguna razón con nosotros, pero otras veces pueden estar proyectándonos su molestia, cuando no tenemos nada que ver con su enojo. Tenemos que ser muy claros y cuidadosos si queremos ayudarlos para que se den cuenta.

"Alberto, he notado que estás de muy mal humor. Me da la impresión de que estás muy estresado y por eso todo parece molestarte. ¿Qué puedes hacer para sentirte mejor? ¿Hay algo que yo pueda hacer para ayudarte?"

Silvana está muy enojada porque su mejor amiga está saliendo con el muchacho que a ella le gusta. Cuando llega su madre a recogerla al colegio 15 minutos tarde, Silvana explota: "¡Cuándo no has de llegar tarde, siempre he de ser la última, nunca me tomas en cuenta!" La madre sorprendida arranca el automóvil.

El enojo de Silvana nada tiene que ver con su madre. Cuando la hija está calmada, la madre podría preguntarle: "¿Tuviste un mal día? ¿Por qué estás tan enojada? Yo sé que no es porque llegué un poco tarde. Entiendo que estés molesta aunque no sé la razón, pero eso no quiere decir que yo tengo que pagar los platos rotos."

Los hijos, al igual que nosotros, tienen que aprender a no desquitarse con los demás por su mal humor. Silvana tiene que decidir si vale la pena hablar con su amiga y mostrarle su descontento, o si canaliza su enojo de otra manera, pero su madre no tiene por qué sufrir las consecuencias de su decepción.

Rodrigo está furioso porque lo acaban de suspender de su equipo de futbol. Camino a casa, cuando su hermano menor se tropieza, Rodrigo le pega en la cabeza: "¡A ver si te fijas, estúpido!" Al llegar a casa, Rodrigo patea y abolla el portón de la cochera.

Cuando lo ve calmado, la madre le puede decir: "Entiendo, Rodrigo, que estés muy alterado y siento mucho que te hayan suspendido. Pero tu hermano nada tiene que ver con eso. Enojarse se vale, pero lastimar no. Necesitas arreglar el portón y pintarlo. Espero que te sientas mejor mañana; si en algo te puedo ayudar, házmelo saber."

Con mucha paciencia y a través de nuestro ejemplo tenemos que enseñarle a los hijos cómo expresar sus emociones para que sepan hacerlo de la mejor manera: sin reprimirse pero sin herir ni lastimar a los demás. Hay que también ayudarlos a encontrar de dónde surgió ese enojo y que comprendan que no es justo proyectarlo en quien nada tiene que ver.

5. Lo ayudo a perdonarse

Cuando un hijo ha tenido un arranque de rabia en donde nos ha gritado y faltado al respeto, puede sentirse muy mal, aunque no lo demuestre.

Gustavo estaba muy enojado porque lo acusaron y castigaron injustamente en el colegio. Cuando llegó a casa, su padre le tenía sobre la mesa un celular que le había comprado con mucho esfuerzo. Gustavo, aún enojado por el incidente de la escuela, empuja el celular que cae al piso y se rompe. Al día siguiente, Gustavo nota que su padre está muy dolido pero siente tanta vergüenza que no se puede disculpar.

Gustavo necesita perdonarse. Reconocer que lo que hizo estuvo mal, pero recordar que es humano y se puede equivocar. Sólo si se perdona puede dar el siguiente paso para disculparse.

Pero para hacerlos sonreír –pues este tema puede ser demasiado serio–, comparto con ustedes lo que una vez leí:

Un buen adolescente es aquel que perdona a sus padres cuando él se equivoca.*

6. Le sugiero que se disculpe

"¿Cómo pudiste ser tan grosero de decirle a tu hermana que es estúpida? ¡Ve y dile que lo sientes!", regaña la madre. El hijo busca a su hermana y le dice: "Siento mucho que seas estúpida".**

Podemos *sugerir* que los hijos se disculpen pero *nunca debemos forzarlos.*

"Giselle, tu hermana está muy triste y está llorando en su cuarto porque la llamaste "marrana" y "cochina", y tú sabes que está muy consciente de su sobrepeso. Creo que si te disculpas con ella se sentirá mejor."

Sugiero que se disculpe pero la dejo en libertad. Si decide hacerlo debe ser como resultado del remordimiento de haber lastimado a su hermana. Si no tiene pena por lo que hizo, no tiene sentido que se excuse. Si la obligamos le enseñamos a ser hipócrita, pues se disculpa sólo para que la dejemos en paz.

---

* Adaptado de Milton Berle, en Judy Brown, *It's a Man's World*, Barnes and Noble Books, Nueva York, 2005, p. 206.

** Tomado de Bob Phillips, *The World's All-Time Best Collection of Good Clean Jokes*, Galahad Books, Nueva York, 1996, p. 142.

"Ramón, no sales con tus amigos hasta que te disculpes con tu hermano por lo que hiciste, ¿me oyes?", dice la madre en tono amenazante. Ramón le hace una mueca al hermano y en tono burlón le dice: "Lo siento, Pedro, cuánto lo siento." Sin que la madre se de cuenta, le hace una seña al hermano con el dedo.

¿Qué sentido tiene esta disculpa? Ninguno. La madre equivocadamente cree que ganó esta batalla; de lo que no se da cuenta es que su hijo está aprendiendo a sentir una cosa y decir otra.

Humberto está en el patio de la escuela. Con toda intención, empuja a otro compañero que le cae mal. "Peeerdón, Damián, peeerdón", le dice en tono sarcástico, mientras lo vuelve a empujar.

Humberto ha aprendido en la escuela que, si se disculpa, queda libre de toda responsabilidad. Así que se aprovecha de esto para lastimar y humillar a cuanto compañero le disgusta.

Sorprendido, el padre le pregunta a su hijo: "No entiendo, hijo, ¿cómo es posible que te hayas sacado un cinco en conducta y un 10 en cortesía?" "Es que cuando pateo a un niño, me disculpo", le contesta el hijo.*

Una disculpa debe surgir del genuino sentimiento de pena de darnos cuenta que hemos herido u ofendido a otro. Debe ser el resultado, también, de nuestro sincero deseo de que no se vuelva a repetir. Por lo tanto, como padres, lo único que podemos hacer es sensibilizar a nuestros hijos para que se den cuenta de su impacto sobre otros, y sugerirles, cuando lastiman, que reparen lo que han hecho a través de una disculpa. Nosotros proponemos, pero finalmente ellos deben quedar en libertad de elegir.

---

* Adaptado de Bob Phillips, *The Best Ever Book of Good Clean Jokes*, Galahad Books, Nueva Jersey, 1998, p. 238.

7. Lo ayudo a sentirse mejor

El trabajo más importante que tenemos es el de enseñar a nuestros hijos a buscar la manera de que se sientan mejor. De que recuperen su buen humor, su alegría y su gusto por vivir. Apoyarlos para que se den cuenta que eso sólo depende de ellos. Que está en su poder encontrar la mejor forma de recuperar su bienestar emocional.

> "Te veo muy malhumorado, hijo. ¿Qué puedes hacer para sentirte mejor?", pregunta el padre. "No sé, estoy muy cansado", contesta irritado el hijo. "¿Pues qué te parece si cerramos las cortinas de tu cuarto y apagamos el televisor y tratas de dormirte un rato? Si quieres, después te ayudo a que termines la tarea."

Increíble pero cierto. Cuántas veces nos llegamos a sentir agotados pero no se nos ocurre descansar. Aunque tengamos la solución, a veces necesitamos un empujón para reaccionar.

> "¡Todo me sale mal, me está quedando horrible el dibujo para la clase de historia!", se queja Claudia, molesta. "¿Por qué no vas a tu cuarto a escuchar la música que te gusta un rato, y luego regresas a terminar? Te aseguro que te va a quedar muy bien", sugiere la madre.

Tenemos que enseñar a los hijos a hacer lo necesario para sentirse bien, que de ellos depende encontrar lo que los auydará a recuperar su bienestar, que estar contentos y ser felices sólo depende de ellos. Cuando les damos el ejemplo, esto es muy claro.

> "¡Qué horror! Estoy de tan mal humor que ni yo misma me aguanto", dice la madre. "Me voy a caminar un rato para sentirme mejor."
>
> "Me siento triste y desganado. Voy a escoger una película cómica que me haga reír, y seguro me sentiré bien."
>
> "Acabo de estar con tu abuela, que es muy negativa y pesimista. Voy a hacer algo que me ponga contenta. ¡Ya sé! Voy a comprarme una revista y tomarme un helado en mi lugar favorito."

Yo soy responsable de sentirme bien. Cuando asumo mi responsabilidad y se lo demuestro a mis hijos con el ejemplo, les enseño a disfrutar y vivir contentos.

Otras ayudas adicionales para cuando sus hijos los provoquen

El adolescente busca desahogar sus irritaciones y frustraciones y sabe que sus padres lo quieren y están dispuestos a soportarlo, así que, aunque lo hacen de forma inconsciente, nos convierten en el perfecto blanco para que se descargue. Recuerden, no pueden controlar lo que su adolescente haga, pero sí pueden ocuparse de ustedes mismos para no "engancharse" con ellos. Así que, cuando estén a punto de "perder la cabeza":

a. Respiren. Sí, respiren para darse tiempo y no reaccionar. Cuando nos molestamos o sentimos miedo, inmediatamente se altera nuestra respiración, nos contraemos y nos volvemos defensivos o agresivos. Por eso ayuda recuperar nuestro aliento y respirar profundamente. Pongan la atención en su respiración, y automáticamente sus pensamientos se aquietarán y, en consecuencia, también sus emociones.

b. Dirijan sus pensamientos. Piensen:
- "Esta es una provocación, no voy a sucumbir. No voy a reaccionar."
- "Esto es pasajero, no siempre está enojado."
- "No me voy a enganchar. Yo controlo mis emociones."

Nuestros pensamientos afectan nuestros sentimientos. Si logro dirigir mi pensamiento, mis emociones se mantendrán a raya.

c. Cierren la boca. Podemos pensar muchas cosas, pero es muy importante cuidar que no salgan de nuestros labios. Para no correr riesgos, mejor callar. No nos vaya a pasar como decía un amigo, cuando alguien comentaba algo fuera de lugar: "Acabas de perder una bella oportunidad de guardar silencio."

d. Si los están acosando para que tomen una decisión, o les están pidiendo permiso para algo de lo que ustedes no se sienten seguros de poder dar, *ganen tiempo: tengan una frase de apoyo*. Díganles:

- "Después lo hablamos."
- "Necesito tiempo para pensarlo."
- "Voy a considerarlo."

Estas oraciones pueden ser nuestros salvavidas. No se preocupen si parecen discos rayados. Están tratando de darse tiempo para pensar con mayor claridad.

Pero si en algún momento se sienten acorralados, hay el peligro de caer en la trampa de ceder y decir "sí" cuando en realidad todavía no están seguros de querer otorgar el permiso o lo que piden. Y puede que aún les vaya peor, si por querer quitárselos de encima, agregan las terribles palabras "te lo prometo". Con estos tres sencillos vocablos se acaban de echar la soga al cuello. ¡No prometan! Si el hijo les dice: "¿Me lo prometes, madre?", aprendan a contestar: "Lo único que te prometo es que lo voy a considerar." Con esta respuesta salvan su pescuezo.

e. También es muy importante *bajar el tono de voz*. Entre más grite su adolescente, más bajo hay que contestarle, pues de forma inconsciente tendemos a bajar la voz cuando la persona con quien conversamos habla más quedo. De esta manera estarán ayudándolos para que empiecen a calmarse.

Pero si en un momento dado se dan cuenta de que están gritando, sepan que están "enganchados". Para "desengancharse", respiren hondo y bajen la voz. Verán como se sorprende su hijo. Bajen aún más la voz, hasta que casi estén susurrando: "Me voy a retirar y cuando estemos más calmados hablamos." Su hijo dejará de pelear cuando pierda a su adversario.

f. Otra opción es "tomar el toro por los cuernos" y decirle: "Hijo, me estás provocando, pero ahora no tengo ganas de pelear contigo. Busca otra persona con quién discutir." Y retírense inmediatamente.

Me gustaría terminar este capítulo citando a Anne Katherine:

*Un enfado expresado de una manera sana es como una tormenta que limpia el ambiente, renueva el aire y permite que la humedad descienda hasta un nivel tolerable. Puede haber truenos y relámpagos, pero siempre provienen de un sitio central y dejan tras de sí un aire fresco y una sensación agradable.**

---

* Anne Katherine, *Cuando se atraviesa la línea: cómo establecer límites claros en las relaciones*, EDAF, Madrid, 2003, p. 100.

capítulo 6

"Aquí déjame. No quiero que me vean llegar con mi padre"

La necesidad del adolescente de pertenecer

Recuerdo lo asombrado que estaba mi esposo la primera vez que nuestro hijo adolescente le pidió que parara el automóvil una cuadra antes de llegar a la fiesta. Pensé: "¿Qué pasó con el muchacho que nos veía con ojos de admiración?" Pues que está en otro momento de su desarrollo y ahora le importa mucho lo que piensan sus amigos. Los padres seguimos teniendo nuestro lugar, pero hemos pasado a ocupar un segundo plano. Pareciera como si ahora estuviera ingresando en el "club de los adolescentes" y tiene que conformarse con todas sus reglas, y los padres de alguna manera le estorbamos.

"Acabo de regresar de un viaje de placer", le comenta sonriendo un adolescente a otro, "vengo de dejar a mis padres en el aeropuerto."*

Comencemos revisando lo cánones de este "club" del cual quiere ser parte.

La vestimenta

Una de las señales claras de que nuestro hijo está entrando a la adolescencia es que se quiere vestir de una manera muy original, como si buscara expresar su individualidad a través de su

---

* Adaptado de Henry Youngman en Judy Brown, *It's a Man's World*, Barnes and Noble Books, Nueva York, 2005, p. 198.

atuendo. Cada generación de adolescentes ha tratado de marcar su lugar buscando formas de llamar la atención a través de lo extraño e insólito de su manera de vestir. Y con cada generación los padres no dejan de azorarse y criticarlos.

> "¿Así piensas salir? Van a creer que estás loco o te van a dar una limosna, pero allá tú", le dice el padre al adolescente que se dispone a ir con sus amigos con unos jeans rotos.

Pero también es increíble nuestro poder de adaptación. Pues aunque nos impacta cada generación con sus nuevas "creaciones", lo que hizo la anterior ha dejado de impresionarnos. Así que, de tanto verlos, nos vamos acostumbrando, y lo que nos parecía extravagante se vuelve "normal". Pero si nuestro hijo no nos impacta con la originalidad de su arreglo, estaría fallando en su propósito. Porque para él es muy importante ser lo más diferente posible a nosotros. En esa búsqueda de identidad razona:

> "No sé quién soy, ni qué quiero, ni a dónde voy; lo único que tengo claro es que no soy mis padres."

Y la manera más clara de expresar esto es a través de su apariencia. Así que, cuando vean a su hijo salir disfrazado a la calle, repítanse:

> "Mi hijo está expresando su individualidad, su originalidad. Claramente es muy diferente de mí."

Y si se están sintiendo muy avergonzados agreguen:

> "Él es él, yo soy yo. Él es él, yo soy yo. Él es él, yo soy yo."

Es importante que ellos puedan expresar esa necesidad de sentirse distintos de los adultos de una forma concreta. Afortunadamente se agrupan con sus amigos y hacen un "frente común" y nos obligan a aceptarlos.

Como dice el humorista Bob Phillips:

"Mi hijo por fin encontró sus audífonos, que estuvo buscando todo el invierno. Se fue a cortar el pelo."*

Pero cuando los padres, por falta de comprensión, insisten en que se vistan de manera "decente", es decir, como a ellos les agrada, porque sienten la amenaza del "qué dirán" y les importa más lo que otros piensen que las necesidades propias de sus hijos, terminan coartando ese impulso de independencia. Siguen viendo a sus hijos como su extensión, y no les es posible dejarlos expresar algo diferente de sus gustos.

"Mi madre me hizo que me revisaran la vista. Dice que a ver si así puedo ver las cosas de la misma manera que ella."**

Pero también se da el caso de que, si tienen varios hijos adolescentes, uno sea muy alocado en sus gustos mientras el otro es más conservador. En este caso también entre ellos están tratando de encontrar su lugar. Así que, si uno es muy llamativo en su atuendo, otro puede buscar ser original a través de sus intereses o sus amistades. Cada uno está, a su manera, tratando de encontrar cómo definirse en este nuevo mundo de jóvenes.

Pero al mismo tiempo que buscan separarse de los padres y distinguirse de ellos, también están tratando de sentirse aceptados por sus compañeros. Y esto se convierte en su principal interés.

"Mi hijo adolescente medía 1.65, pero se cortó el pelo y ahora sólo mide 1.60." ***

* Tomado de Bob Phillips, *The World's All-Time Best Collection of Good Clean Jokes*, Galahad Books, Nueva York, 1996, p. 296.

** Adaptado de Judy Brown, *Squeaky Clean Comedy*, Andrews McMeel Publishing, Kansas City, 2005, p. 128.

*** Adaptado de Bob Phillips, *The Best Ever Book of Good Clean Jokes*, Galahad Books, Nueva Jersey, 1998, p. 107.

Su lenguaje

Así como cada generación se distingue por su arreglo personal, también lo hace por su manera de hablar. Cada una encuentra una forma original de decir las cosas, e introducen frases y dichos que, al igual que su arreglo, al inicio producen rechazo en el resto de la sociedad, pero con el tiempo finalmente terminan integrándose, como si siempre hubieran existido.

El adolescente también tiende a expresarse con groserías, como parte de este rechazo del mundo adulto que quiere que se conforme y sea "correcto". Salpicar su vocabulario con picardías lo hace sentirse libre y audaz, y muy diferente de sus padres, que insisten en que sea "educado". Pero si esta manera de hablar les molesta, es válido exigir que se contenga y sólo lo haga con sus amigos.

"Hijo, con tus amigos puedes hablar como desees, pero cuando estés frente a tu abuela y nuestros amigos queremos que te controles y no hables con groserías."

Esto es parte del aprendizaje del adolescente, el saber qué puede hacer, con quién y cuándo. Ningún padre tiene por qué soportar algo que le molesta. En este sentido debemos ser muy claros y poner nuestros límites, pero respetar que, cuando estén con sus amigos, tengan la libertad de relacionarse como ellos deseen. Estamos enseñándoles lo que es el respeto mutuo, o sea: "Yo respeto tu espacio, hijo, y tú respetas el mío." Finalmente, éste es el secreto de una feliz convivencia.

Pero si constantemente están criticando cómo se arregla su adolescente o cómo se comporta y habla, le crean una gran inseguridad. El adolescente está experimentando en su "nuevo mundo" y necesita ensayar. Cuando no hacemos más que amonestar y reprochar lo que hace, lastimamos su confianza en sí mismo. Lo hacemos dudar y sentirse inadecuado. Y aunque le importa más lo que sus amigos opinan, no por eso dejan de afectarle nuestros comentarios.

Preguntas para reflexionar

1. ¿Me molesta el arreglo personal de mi hijo?* ¿Quisiera que se vistiera de manera distinta? ¿Me avergüenza cómo se ve?
2. ¿Mi hijo se queja de que lo critico? ¿Se molesta con mis sugerencias? ¿Resiente mis comentarios?
3. ¿Comparo a mi hijo? ¿Quisiera que fuera distinto, más arreglado o educado?
4. ¿Trato de controlarlo? ¿Lo manipulo o chantajeo para que haga lo que yo quiero?
5. ¿Me parece vulgar, indigna o indecente la forma en que habla o se viste?
6. ¿Lo atosigo con mis comentarios y consejos de cómo debería ser? ¿Condiciono mi amor a que se comporte o haga lo que yo deseo?

Afirmación

☆ *Reconozco a mi hijo como un ser independiente de mí, y honro su individualidad y destino.*

Su privacidad: su espacio

Cuando un hijo pone por primera vez un letrero en la puerta del cuarto indicando:

Prohibida la entrada
especialmente a mis padres

---

* Entiendan los lectores que lo que utilizamos aquí es el neutro, que incluye a mujeres y a hombres. [N. de la E.]

o nos pide que coloquemos una aldaba, sabemos que está iniciando la pubertad. En el caso de compartir habitación con un hermano, pondrá candado a sus pertenencias, y se encerrará por horas en el baño. Todo esto es natural si consideramos que el adolescente necesita marcar su territorio para poder estar solo con todos estos cambios que lo desconciertan. Como la oruga que teje su capullo, necesita de la soledad para estar consigo mismo, digerir y procesar. De ese capullo emergerá finalmente el adulto joven.

A veces se aísla en la privacidad de su espacio para no sentirse "invadido" por la familia, y pasa horas tirado sobre su cama. Como bien dice Luciano Mazzetti en su libro *Las estaciones de la vida*:

> ...la cama no es para ti solamente el lugar del descanso. Es una balsa primitiva donde tú comes, lees, escribes, escuchas música, ves la televisión. Está llena de objetos y de basura revueltos. Es perchero y escritorio, cocina y sala, emblema de tu tiempo libre, de tu tiempo de trabajo, de tu tiempo de descanso. Una institución total, una casa en miniatura.

Sobra decir que ese espacio del adolescente puede ser todo menos lo que esperan los padres: un lugar limpio y arreglado. Y aquí también tienen que ejercer su paciencia y tolerancia, cerrar la puerta y recordar: "Ojos que no ven, corazón que no siente."

> "Ya decidí que voy a estudiar ciencias políticas cuando vaya a la universidad, para arreglar esta porquería de mundo en que vivimos", le dice el adolescente a su madre. "Me parece buena idea hijo, ¿por qué no empiezas ensayando con tu cuarto?", le contesta la madre.*

---

* Tomado de Bob Phillips, *The Best Ever Book of Good Clean Jokes*, Galahad Books, Nueva Jersey, 1998, p. 67.

Pero al igual que con el lenguaje del adolescente, tenemos que respetar su espacio, es decir, estar de acuerdo en que lo tenga como a él le guste y que sea su responsabilidad asearlo. Pero si bien su recámara es el lugar donde puede hacer lo que le plazca, todos somos responsables de las áreas comunes de la casa, y ahí tiene que cooperar.

En conclusión, podemos exigir que ayude a mantener limpio el resto de la casa, pero lo que pase en su espacio es asunto suyo.

> "Lucía, necesito que recojas tus cosas de la sala y acomodes los cojines y dejes el lugar arreglado. Puse en la puerta de tu cuarto unas cosas tuyas que estaban en mi estudio."

De la misma manera que nuestros hijos no tienen derecho a arreglar, disponer o cambiar nuestras recámaras como les plazca, tampoco podemos, una vez que llegan a la adolescencia, disponer de su espacio a nuestro antojo. Aunque pensemos que tenemos un gusto exquisito, ya no nos corresponde decorar sus recámaras.

> "Madre, ¿qué hiciste en mi cuarto, por qué cambiaste los muebles? ¡Y ese cuadro que colgaste, está horrible, no me gusta! ¿Qué le hiciste a mis pósters y mis dibujos? ¡Regrésalos a su lugar!"

Tengo que decir que estoy de acuerdo con esta chica. La madre no tiene derecho a disponer de su recámara, pues es una violación de su espacio. Esta madre quiere seguir tratándola como si tuviera cinco años, y la hija, con sobrada razón, reacciona con furia.

Preguntas para reflexionar

1. Cuando no está mi hijo, ¿reviso sus cosas, leo sus escritos, hurgo entre sus cosas?
2. ¿"Paro la oreja" cuando habla con sus amigos y disimuladamente escucho sus conversaciones?

3. ¿Se queja mi adolescente de que soy entrometida, de que me meto en "lo que no me importa"?
4. ¿Sigo arreglando su cuarto como cuando era pequeña? ¿Le limpio, guardo sus cosas y se las acomodo?
5. ¿Me quejo de que es sucio pero sigo limpiándole todo?
6. ¿Me quejo de que no ayuda y me siento una "mártir" al tener que ocuparme de todo?
7. ¿Le permito a mi hija decorar su cuarto a su antojo? ¿Manipulo para que lo arregle como a mí me gusta?
8. ¿Le prohíbo cerrar la puerta con llave? ¿Entro a su recámara sin tocar, sin avisar?

Afirmación

☆ *Yo respeto el espacio, la individualidad y la independencia de mi hijo.*

"No aguanto a mi hermano"

Si este adolescente tiene un hermano menor que ha estado acostumbrado a compartir hasta ese momento todo con él, cuando el joven inicie estos cambios el pequeño podrá sentirse abandonado y rechazado. Nos corresponde como padres tratar de ayudar a ambos hijos para que convivan de la mejor manera, aunque es imposible que la relación regrese a lo que era.

Al hijo menor hay hacerle entender que tiene que respetar las cosas de su hermano, que ya no puede, como antes, tomarlas cuando él desee sin causarle un disgusto. Que ahora su hermano mayor necesita estar a ratos solo, y otras veces estará con sus amigos. Para este hijo menor puede ser muy duro este cambio, pues está "perdiendo" a su hermano con el que jugaba y retozaba a su antojo.

Pero también hay que hablar con el adolescente y decirle:

"Sabes hijo, yo entiendo que te gusta estar solo y que te estorba a ratos tu hermano, pero a él le haces mucha falta. También comprendo que ahora prefieres estar más tiempo con tus amigos y que te aburre jugar con él, pero te extraña y sería importante que le dedicaras un rato."

No es posible forzar estas situaciones, por lo que es importante que hablemos con delicadeza con el adolescente, tratando de tocar su corazón. De esta manera lo estamos sensibilizando a las necesidades de los demás, pues él está enfrascado en su mundo y es completamente ajeno a lo que le ocurre al hermano. Con tacto, tratamos de despertar su empatía, para que se ponga en su lugar y lo tome en cuenta. Hay que sugerir pero dejarlo en libertad, de otra manera será contraproducente, pues se ensañará con él y hará peor la situación.

El diario

A algunos adolescentes les gusta en esta etapa escribir un diario, especialmente a las mujeres. En él confían y plasman sus inquietudes, sus sueños y sus intimidades. Escribir un diario puede ser terapéutico, especialmente si la adolescente es tímida y no fácilmente comparte sus preocupaciones. Desahogarse a través de la escritura sirve de gran alivio y también permite ver con más distancia y mayor claridad lo que la abruma.

Hasta la fecha guardo un diario que escribí a los 15 años. Me gusta leerlo de tiempo en tiempo para recordar cómo era y cómo pensaba a esa edad. Casi no me reconozco, pero me hace acordarme de lo que era entonces importante para mí. Por ejemplo, contiene servilletas dobladas de papel y popotes intercalados entre sus páginas marcadas con las fechas y el nombre del muchacho que los tocó, ¡como si fueran reliquias de un santo!

Leer mi diario me remonta a esas épocas lejanas en las que lo único que me importaba eran las relaciones: con quién me llevaba bien, quién me disgustaba, a quién le gustaba y quién me interesaba, románticamente hablando. Todo lo demás ocupaba un segundo plano.

Pero tenemos que saber que estos diarios son territorio vedado para los adultos, que tenemos que respetar y jamás sucumbir a la tentación de hurgar para enterarnos de sus confidencias. No nos vaya a pasar lo que a esta mujer:

> Le dice una madre a su mejor amiga: "¿Tú crees? Mi hija adolescente dice que soy una metiche. Bueno, por lo menos eso es lo que escribe en su diario."*

El teléfono, el celular y el chateo por internet

Hablar por teléfono o por celular y chatear por internet es uno de los pasatiempos favoritos del adolescente. Comentan bromeando unos padres de familia:

> "La adolescencia es esa etapa de la vida en que los jóvenes sienten una gran responsabilidad por contestar sus celulares."**

Estas actividades le permiten experimentar en el campo de las relaciones, pues dichos aparatos le dan cierta protección al no tener que estar frente a frente con la otra persona y poder probar sus "múltiples personalidades". El adolescente está autodefiniéndose y por eso ensaya distintos roles con las diferentes personas. Es por eso que pueden pasar horas interminables conversando.

> Una adolescente tenía media hora hablando por teléfono cuando por fin cuelga.
> "Vaya, eso fue un milagro", comenta la madre. "¿Por qué tan corta la llamada?"
> "Número equivocado", le contesta la hija.

---

* Adaptado de Drake Sather, en Judy Brown, *It's a Man's World*, Barnes and Noble Books, Nueva York, 2005, p. 207.

** Adaptado de Bob Phillips, *The World's All-Time Best Collection of Good Clean Jokes*, Galahad Books, Nueva York, 1996, p. 7.

Pero como sabemos, esta práctica de las relaciones humanas puede salir bastante cara. Le dice un padre a su hija adolescente: "Hija, te voy a dar algo que te va a hacer sentir como un adulto. Tu propio recibo del celular."*

Una madre exasperada le pregunta a su adolescente: "Hija,¿es realmente necesaria esa llamada que vas a hacer?" "¿Pues cómo lo voy a saber, madre, si todavía no la hago?"**

Nuevamente les recuerdo que es muy importante respetar su privacidad y no tratar de escuchar o inmiscuirse en sus llamadas. Cuando escuchamos sus conversaciones o revisamos sus pertenencias, el adolescente se siente violado. Sí, violado a nivel emocional.

Si queremos que los hijos nos tengan confianza, tenemos que respetar su espacio, sus cosas y sus conversaciones. Necesitamos darles lo mismo que quisiéramos para nosotros: el derecho a la privacidad.

Ayudas positivas

Nuestros hijos son más que su apariencia

A veces dejamos de ver a nuestros hijos porque toda nuestra atención está puesta en su arreglo personal y su comportamiento. Sólo vemos su ropa, su peinado y sus modales, y nos olvidamos de quiénes son ellos en realidad. Al sufrir de miopía, los menospreciamos y afectamos nuestra relación con ellos.

Nuestros hijos no son su apariencia, tampoco son su conducta. Son mucho más que eso. Cuando sólo nos fijamos en

---

* Adaptado de Bob Phillips, *The World's All-Time Best Collection of Good Clean Jokes*, Galahad Books, Nueva York, 1996, p. 297.

** Tomado de Bob Phillips, *The Best Ever Book of Good Clean Jokes*, Galahad Books, Nueva Jersey, 1998, p. 275.

cómo caminan, cómo contestan, y en sus pantalones agujerados o sus pelos parados, perdemos de vista lo esencial.

Cuando nuestra atención se quede atorada en el cascarón, recordemos que adentro está lo más importante. Está ese hijo único, valioso y merecedor de lo mejor. Está el ser que me da la oportunidad de crecer al relacionarme con él. Está ese regalo de la vida que lentamente se devela día con día. Pueden objetar: "Pero es que no puedo remediarlo, me molesta verlo vestido así, ¡se ve tan feo!" En tales casos ayúdense con sus pensamientos. Díganse interiormente:

"Esto es pasajero. No siempre se va a ver así."

Otra manera de auxiliarse es con sentido del humor. Piensen, mas no lo digan:

"¡Qué original se ve! Nunca se me hubiera ocurrido peinarme así ni pintarme el pelo de ese color!"

"¡Qué valiente es mi hijo! ¡Miren que atreverse a salir en esa facha!"

Trato de darles algunas sugerencias, pero a ustedes corresponde encontrar los pensamientos que les den mayor alivio. Aunque queramos, no podemos controlar a otros, pero sí podemos dirigir lo que nosotros pensamos. Y al cambiar esos pensamientos, me ayudo a sentirme mejor y a recuperar mi bienestar emocional.

Tengan intereses propios

Las madres, especialmente cuando no trabajan, llegan a estar muy pendientes de los hijos. Cuando el niño está pequeño esta actitud puede ser una bendición, siempre y cuando no sea sobreprotectora (revisen el capítulo 6 de mi libro *Disciplina con amor*). El niño pequeño entonces disfruta y goza de toda su atención. Pero cuando llega a la pubertad necesita su propio espacio y una madre que lo invada lo hará sentir muy incómodo.

"Hijo, ya averigüé de los boletos que querías conseguir. Están más baratos de lo que imaginaste. También le llamé a la madre de Eric para preguntarle si él te podía acompañar... ¿Qué te pasa, pensé que te daría gusto, querías ir con él o no?"

Esto habría sido bien recibido por un niño de 10 años, pero el adolescente lo percibe como una intromisión. La madre bien intencionada puede resentir la actitud de "poco agradecimiento" del hijo, y ofenderse. Pero lo que en realidad está ocurriendo es que el adolescente necesita que su madre dé un paso atrás, para darle su lugar. El adolescente necesita hacer sus propias cosas para sentirse independiente y no agradece cuando los adultos interfieren.

La manera más fácil de que la madre no esté encima del hijo, es que tenga sus propios intereses. Es decir, algo más en qué poner su atención que no sea su hijo. Puede ser un pasatiempo, pertenecer a algún club o tener un trabajo. Cuando los padres tienen sus propios intereses hay menos riesgo de quitarle espacio al hijo.

Pero revisemos nuevamente el otro significado de educación: equilibrio. No se trata de caer en el extremo de sobreproteger y asfixiar al hijo, pero tampoco de abandonarlo. El justo medio es interesarnos en ellos pero respetando su necesidad de pertenecer a su grupo de amigos, es decir, reconocer la nueva etapa que están viviendo sin dejar de estar presentes cuando les hagamos falta. Significa darles su lugar pero sin dejarlos solos.

La pertenencia a la familia como base para la pertenencia social

El adolescente necesita tener la certeza de que pertenece a su familia, de que es parte de ella y, contando con esto y dejándolo en *standby*, dirigirse a buscar ser parte de lo que ahora es su prioridad y más profundo interés: sus amigos y el mundo.

La forma en que busque ese sentido de pertenecer al exterior está determinada en gran parte por el saberse y sentirse querido, pero no controlado, en casa. Buscará ahora formar parte del grupo, pero *no para suplir* la falta de pertenencia a la familia, ni con la avidez o inseguridad de alguien que no tiene apoyos familiares.

Así, un adolescente cuyos padres, trabajando o no, han transmitido calor de hogar, va a querer traer a sus amigos a casa. En cambio, hay chicos que lo que quieren con urgencia es salirse del hogar, y hay quienes ni siquiera quieren llegar a dormir.

> Un día, después del trabajo matutino, madre e hija adolescente se reúnen a comer. Mientras saborean una sopa de fideo, preparada en 15 minutos por la madre la noche anterior, la hija, mirando con gratitud a su madre, suspira y le dice: "Ay, mamá, de veras que no hay como comer en casa tu sopa de fideo."

Recuerden su adolescencia

Nada para despertar la empatía como recordar algo que ya vivimos. Así que los invito a hacer un ejercicio:

1. Cierren los ojos y regresen a su adolescencia. Imagínense que están en su recámara rodeados de lo que les gustaba: su música favorita y sus fotos preferidas. Siéntense en la cama y recorran las fotos. De repente, los busca un amigo. ¿Quién es y qué les dice? Los invita a salir. ¿A dónde escogen ir? ¿Quiénes son sus amigos? ¿Qué les gusta hacer?

Ahora regresen al tiempo presente, piensen en su adolescente y pregúntense: ¿Qué le gusta hacer? ¿Cuáles son sus pasatiempos favoritos? ¿Quiénes y cómo son sus amigos?

Me gusta hacer este ejercicio cuando doy cursos a los padres de familia, y ellos comparten con el grupo sus impresiones de lo que les encantaba hacer cuando eran adolescentes:

- Estar con mis amigos
- Hablar por teléfono
- Andar de vago

- Ver la televisión
- Salir a pasear
- Escuchar música
- Hacer deporte
- Bailar
- Dormir

Para sorpresa de muchos, no hay mayor diferencia entre lo que les gustaba a ellos hacer cuando eran adolescentes y lo que prefieren ahora sus hijos. Con el tiempo, las formas cambian pero las necesidades siguen siendo las mismas.

2. Vuelvan a cerrar los ojos y regresen a su adolescencia: ¿Por qué los regañaban sus padres? ¿Qué hacían que les molestaba? ¿De qué se quejaban de ustedes?

Regresen al tiempo presente y pregúntense: ¿De qué me quejo de mi adolescente? ¿Por qué cosas lo regaño? ¿Qué me molesta de él(ella)?

Cuando comparten sus experiencias, los participantes de mis cursos invariablemente dicen que sus padres se quejaban de:

- Cómo se vestían
- Que no hacían la tarea
- Que hablaban mucho por teléfono
- Que les iba mal en el colegio
- Que no recogían su cuarto
- Que contestaban mal
- Cómo se peinaban
- Que no se reportaban
- Que se la pasaban escuchando música
- Que no hacían caso
- Que eran unos vagos, etcétera

Si revisan las preguntas: "¿De qué se quejan ahora ustedes de sus hijos adolescentes? ¿Por qué los regañan?" ¡Resulta que la lista es idéntica!

Pero tengan cuidado, porque a veces sufrimos de amnesia temporal y se nos olvidan detalles importantes. Cuando una vez en un curso pregunté: "¿Por qué los regañaban sus padres?", una amiga me miró tranquilamente a los ojos y me dijo: "Pues fíjate que yo era muy calmada; la verdad, nunca le di problemas a mis padres, era yo muy bien portada..." De repente, cambió la expresión de su cara a una de sorpresa: "¡Ay, Dios!, me acabo de acordar de la noche en que mi padre me encontró recargada en el automóvil platicando con mi novio en camisón. Cuando nos descubrió, nos dimos a la fuga y ¡mi padre nos persiguió en su automóvil!"

¡Cómo nos reímos cuando se percató de que no fue la blanca paloma que creía haber sido! Sus hijas son ahora bastante inquietas, pero a ninguna nos extraña. ¿De quién lo habrán heredado?

Y para finalizar este capítulo quisiera dejar una tarea:

Saquen sus fotos de cuando eran adolescentes. Revísenlas con calma. Cuando las vean, sin duda van a sonreír. Lo primero que les llamará ciertamente la atención es cómo podían pensar que se veían bien con esos peinados y esa moda. Sin embargo, si hacen memoria, recordarán que se sentían muy guapos o muy atractivas. Compártanlas con sus hijos. Ellos, en vez de sonreír, seguramente ¡van a soltar una carcajada!

capítulo 7

"Crecer significa responsabilizarse de tu vida"

Cómo poner límites y crear responsabilidad

"¿Tiraste a tu hermana por las escaleras?", pregunta el padre furioso a su hijo adolescente. *"No, yo sólo la empujé el primer escalón, ella se cayó el resto."* *

¿Para qué estamos educando a nuestros hijos adolescentes? Cuando pensamos que los queremos preparar para la vida, ¿a qué nos referimos? Cuando decimos que los estamos encaminando para que se conviertan en adultos jóvenes, ¿de qué estamos hablando? Pues de que queremos que se hagan personas responsables de sus vidas.

Esta última frase se dice fácilmente, pero necesitamos detenernos a revisarla con cuidado. Decimos que queremos hijos responsables, pero ¿qué significa la palabra responsabilidad? Pues se refiere a nuestra *habilidad para responder ante la vida*; quiere decir que nos damos cuenta del impacto de nuestras acciones y que asumimos sus efectos. Se refiere también a nuestra capacidad para aceptar las consecuencias de nuestras elecciones. Porque, a fin de cuentas, lo que nos distingue como seres humanos es la posibilidad de elegir. Estamos eligiendo constantemente, aunque no siempre de manera consciente. Y

---

* Adaptado de Bob Phillips, *The World's All-Time Best Collection of Good Clean Jokes*, Galahad Books, Nueva York, 1996, p. 233.

es por esta falta de conciencia que a veces atribuimos lo que nos ocurre a la casualidad o a la suerte.

Pero cuando empezamos a tomar conciencia de que elegimos, si bien no de manera deliberada, nos iremos dando cuenta de que, a través de lo que pensamos y sentimos –aunado a nuestras actitudes y acciones–, estamos día con día creando nuestra propia realidad. Empezamos entonces a dejar de sorprendernos por lo que nos presenta la vida.

Nuestro trabajo como padres de adolescentes es ayudarlos para que desarrollen la capacidad de darse cuenta de que siempre están eligiendo y tomando decisiones, y de que cada elección produce consecuencias.

Ejemplos:

• Si elijo salir más tarde de casa para una cita, la consecuencia será: estresarme por querer llegar a tiempo o llegar tarde.
• Si tengo sed pero elijo no tomar agua, la consecuencia será: un ligero malestar o una deshidratación.

Hace varias décadas, cuando los adolescentes se veían involucrados en algún incidente que sabían les traería regaños, sermones, amenazas y castigos, simplemente mentían, negando cualquier responsabilidad. Pero conforme los padres se volvieron más permisivos, los jóvenes se comenzaron a sentir más seguros si reconocían su responsabilidad. Y al no sufrir las consecuencias de sus actos, estos adolescentes poco a poco se volvieron más cínicos.

Es esencial que como educadores nos demos cuenta de que, así como es importante que exista para los jóvenes un espacio "no amenazante" para que hablen con confianza y se "confiesen", de igual manera necesitan sentir los efectos de sus propias acciones. El que reconozcan sus faltas no los exime de las consecuencias. Las dos cosas van de la mano, pues de otra forma estaríamos apoyando la irresponsabilidad.

Rubén se quejó con su maestra de grupo cuando descubrió que su chaqueta había sido cortada con tijeras, pero fue grande la sorpresa de todos cuando se enteraron de que la responsable había sido Lucía, una alumna con excelentes calificaciones. La maestra le pidió a ésta reponer la chaqueta y además modificó su calificación de la clase de Ética, consecuencia que no extrañó a los alumnos. Cuando el padre se enteró, cambió a su hija de escuela, pues le pareció "muy injusta" la decisión. Fue entonces cuando la maestra comprendió la razón de que Lucía fuera capaz de hacer un daño como ése.

Asumir nuestra responsabilidad, en vez de ser una carga, nos libera, mientras que vivir en la irresponsabilidad al final nos enferma, pues es ir por la vida aparentando que "no pasa nada" y acumulando un desasosiego interno tremendo.

Ser buenos educadores quiere decir que le damos al hijo la responsabilidad que puede ir manejando conforme madura

Imagínense que es como sostener el hilo cuando están volando un papalote, y tienen que saber cuándo soltar y cuándo tensar, sin quitar la vista de su objetivo. De la misma forma, tenemos que saber cuándo darle más libertad con responsabilidad al hijo, y cuándo hay que limitarlo. Para ello necesitamos observar y desarrollar nuestra intuición, porque cada hijo es distinto. Uno puede estar preparado para conducir un automóvil a los 16 años y otro hasta los 20. Hay que prestar atención para poder determinar si está o no listo. La regla es:

A mayor madurez, mayor responsabilidad.

Actitudes que no crean responsabilidad

En las actitudes que no promueven la responsabilidad se distinguen dos extremos:

Padres autoritarios

Padres que humillan y castigan

Padres sobreprotectores

Padres que rescatan a los hijos

Los padres autoritarios quieren controlar a los hijos con regaños y castigos y buscan de esa manera cambiar su comportamiento. Mientras que los que rescatan a los hijos son padres sobreprotectores que también quieren controlarlos resolviéndoles todos sus problemas y asumiendo la responsabilidad que es sólo de ellos.

Veamos ahora el caso de un adolescente:

Ariel es descuidado y rompe el reproductor de CD de su hermana.

Padre sobreprotector:

El padre le compra un aparato nuevo para que se lo reponga a su hermana.

Qué aprende el adolescente: Mis padres están para resolverme mis problemas.

Padre autoritario:

El padre castiga al adolescente prohibiéndole salir con sus amigos durante un mes.

Qué aprende el adolescente: Si mis padres no estuvieran podría "salirme con la mía". Resentimiento y rabia hacia el padre y la hermana.

En ninguno de los dos casos enseñamos al adolescente a responsabilizarse.

Actitudes que crean responsabilidad

Pero existe otra alternativa, en la que el padre toma conciencia de su papel como educador y ayuda al adolescente a responsabilizarse. Para ello, necesitará reparar el daño físico y el daño en la relación con su hermana.

Padres autoritarios
Padres que humillan
y castigan

Padres sobreprotectores
Padres que rescatan
al adolescente

Padres conscientes
Padres que guían
al adolescente para
que tome su
responsabilidad

El adulto lo puede guiar:

"Hijo, rompiste el aparato de tu hermana. ¿Qué necesitas hacer?"

Esta pregunta, formulada sin agresión, ayuda a que el joven repare en la situación y piense qué hacer.

Hay que evitar darles las soluciones, pues son ellos los que deben encontrar el remedio al efecto de sus acciones.

Al plantearle que tiene que responsabilizarse por el daño que ha ocasionado, pero sin enojo y sin estar a la defensiva, el adulto ayuda a centrar al adolescente. Otro ejemplo:

"Mamá, me suspendieron en la escuela por haberle echado agua en la cara a una compañera y mañana tengo examen; yo sólo estaba jugando."

Padre sobreprotector:

"Ay hijo, ahora sí, ¿qué vamos a hacer? ...No te preocupes, yo voy a hablar con la maestra para que te haga el examen otro día, ¿cómo vas a perderlo?"

Padre autoritario:

"Eso y más te mereces, sabes perfectamente que a las mujeres no se les toca; pero eso sí, muy puesto para la fiesta del fin de semana, ¿no? Pues olvídate de ir, ¡estás castigado!"

Padre consciente:

"Y... ¿qué vas a hacer?"

Para que el adulto responda, en vez de reaccionar ante el adolescente, necesita detenerse para entrar en contacto con sus emociones, o sea, ver cómo se siente ante esa situación que le está planteando su hijo, y no asumir la tarea de resolvérsela, ni juzgarlo, ni sentenciarlo. Tiene que recordar que el problema es del joven, y que necesita ayudarlo con respeto pero también con firmeza para que se responsabilice, y monitorear, si es necesario, para que asuma las consecuencias de sus actos.

Ejemplo:

"Mamá, César y yo estamos suspendidos de clases porque aventamos papeles mojados en el techo del baño y tapamos el inodoro."

Padre sobreprotector:

(Riéndose) "Ay, hijo, ¡qué cosas tan graciosas se les ocurren! Tu maestra no tiene sentido del humor, es una exagerada... Voy a ir al centro comercial, acompáñame y aprovechamos para que te compres la ropa que querías."

Padre autoritario:

(Dándole una cachetada al hijo) "¡Más te vale que sea la última vez, porque la próxima yo te saco del colegio y te pongo a trabajar! ¡Me tienes harta!"

Padre consciente:

"Bueno, hijo, pues tendrás que quedarte en casa a estudiar, como si estuvieras en el colegio. No puedes ver la televisión ni salir de la casa. ¿Dónde quieres instalarte para trabajar, en la sala o en el comedor?"

Tómense un momento para considerar las siguientes preguntas.

Preguntas para reflexionar

1. ¿La mayor parte del tiempo soy permisivo o autoritario? ¿Hacia qué extremo tiendo a polarizarme?
2. ¿Tiendo a ser dura y rígida, o soy flexible y tolerante?
3. ¿De acuerdo a mi estado de ánimo, ¿paso de ser permisiva a ser autoritaria? ¿Le "aguanto todo" hasta que exploto y lo castigo?
4. ¿Coincidimos como pareja en la forma de educar? ¿O tendemos a polarizarnos, uno siendo permisivo y el otro autoritario?
5. ¿Rescato o le resuelvo los problemas a mi hijo? ¿Me duele ver que mi adolescente la pase mal, de modo que hago todo lo que está a mi alcance para aliviarle la situación?
6. ¿Me da lástima ver a mi hijo "sufrir" y, por lo tanto, lo protejo para que la pase siempre bien? ¿Me siento culpable cuando no está contento o feliz?
7. ¿Olvido aplicar las consecuencias de lo que hace mi hijo?
8. ¿Me parecen graciosas las cosas que hace mi adolescente y no entiendo por qué se quejan de él en el colegio u otras personas?
9. ¿Me asusta o avergüenza el comportamiento de mi hijo, de modo que uso mano dura para que se corrija? ¿Pienso que "más vale un golpe a tiempo"?
10. ¿Tiendo a reaccionar cuando mi adolescente se equivoca, y después me arrepiento de mis palabras y acciones impulsivas?
11. ¿Lo castigo y después me siento culpable y lo perdono?

Consecuencias *vs.* castigos

La naturaleza es muy sabia pues constantemente nos indica cuándo vamos por el camino equivocado a través de las consecuencias que nos presenta. Así, si como demasiado, tengo malestar estomacal; si estoy distraído puedo golpearme o caerme; si me quedo dormido, pierdo mi cita; si me asoleo muchas horas, se me quema la piel.

Por eso debemos dejar, siempre que no sea peligroso, que el hijo aprenda de las consecuencias que la vida le presenta. Nuestro trabajo consiste en sólo hacernos a un lado y dejar que experimente el efecto de lo que hizo o dejó de hacer. Por que *en la consecuencia está el aprendizaje.*

Roberto es muy distraído y constantemente olvida sus cosas. Una mañana llama a casa: "Madre, por favor tráeme mi cuaderno de matemáticas, se me olvidó; si no, me van a bajar la calificación."

Si la madre de Roberto tiene interés en que su hijo ponga mayor atención en sus cosas, tiene que dejar que viva la consecuencia de su distracción. Así, tendrá que contestarle:

"Lo siento hijo, no puedo llevártelo."

Cuando no rescatamos al hijo, dejamos que él, poco a poco, vaya corrigiendo las situaciones que le causan incomodidad, y aprende a reflexionar antes de actuar.

Pero hay veces en que las consecuencias son peligrosas o son a largo plazo, y los padres tienen que intervenir para que el hijo aprenda a responsabilizarse. Entonces tienen que aplicar una consecuencia que se parezca lo más posible a una consecuencia natural. Deberá, como decía el psiquiatra infantil Rudolf Dreikurs, tener las tres *R*, es decir, tiene que ser:

- Relacionada
- Respetuosa
- Razonable

Relacionada

Quiere decir que la consecuencia que aplicamos debe estar relacionada con la acción o el comportamiento del adolescente.

Por ejemplo, si estaba enojado y rompió la silla, la consecuencia no puede ser que se quede sin ver la televisión o sin salir de su cuarto. Esto es un castigo y con sobrada razón el joven lo siente arbitrario e injusto. La consecuencia tiene que ser que repare la silla o, de no ser posible, que la reponga con su dinero. Siempre que se pueda, el joven tiene que reparar de alguna manera lo que ha hecho.

Javier es distraído y por segunda vez ha perdido su guante de béisbol. Cuando le pide al padre que le compre otro, él le responde: "Lo siento, hijo, pero si quieres otro guante lo tendrás que comprar con tu dinero; si necesitas, te adelanto las próximas dos semanas para que puedas pagarlo. Pero no tendrás dinero extra durante ese tiempo."

Hay padres que muestran verdadera imaginación para encontrar algo relacionado. Una madre compartió conmigo la siguiente anécdota:

"Mi hijo Flavio tiene 12 años y es de temperamento flemático. Le costaba mucho trabajo levantarse a tiempo para ir al colegio, y aunque yo lo despertaba, tenía que estarlo apurando toda la mañana. Llegábamos siempre a la escuela cuando estaban a punto de cerrar la puerta.

Escuché hablar de aplicar consecuencias, así que decidí comprarle un despertador. Le dije que él era responsable de estar listo y que yo no lo apuraría, pero que estaría en la puerta para cuando él estuviera listo para salir. Creo que no me creyó, pues se levantó con mucha calma y cuando llegamos al colegio la puerta estaba cerrada.

Así que regresamos a casa y le dije que me mostrara su horario de clases. 'Bien', le dije, 'de ocho a nueve tienes tu clase de matemáticas, quiero que hagas estos ejercicios.' A las nueve, regresé. 'Es hora de español hasta las 10, puedes leer y contestar estas preguntas.' Cuando dieron las 10, le dije: 'Es hora de recreo, puedes salir al jardín por media hora.' Y así continué hasta la hora de salida de clases.

Debo decir que nunca más se volvió a quedar dormido y se apuraba sin que yo lo ayudara para llegar a tiempo a clases. ¡Creo que nadie quiere a su madre de maestra!"

Cuando un joven vive las consecuencias de sus elecciones, gana en seguridad en sí mismo y crece su sentido de un mundo justo. Aprende a hacer lo que es necesario, aun a pesar de que no le guste, y de esa forma desarrolla su autonomía.

Pero hay que tratar de que sea el adolescente el que encuentre la solución a sus problemas. Hay que preguntarle: ¿Cuál crees que debería ser la consecuencia? Es interesante saber que los adolescentes no se resisten a que sus padres los disciplinen, pero sí objetan y se rebelan contra la forma en que lo hacen. Como en el siguiente ejemplo, en la escuela:

Maestra: José, rompiste el cuadro del salón de los casilleros al patear el balón, ¿qué necesitas hacer?

José: Reponerlo.

Maestra: ¿Cómo lo vas a reponer?

José: Pues me lo voy a llevar para cambiarle el vidrio.

Maestra: ¿Cuándo consideras que lo puedes traer reparado?

José: No sé, tal vez en una semana.

Maestra: Hoy es martes, entonces el próximo martes lo traes, ¿de acuerdo?

José: Está bien.

En el caso de tratarse de un joven que en otras ocasiones no ha cumplido con su compromiso, el maestro añade :

Maestra: José, si el próximo martes no lo traes, ¿cuál va a ser la consecuencia?

José: Si todavía no lo tienen listo en la vidriería, traigo una nota con la fecha de entrega.

Maestra: ¿Y si ya estaba listo?

José: Me regreso a casa por él y tengo falta injustificada en la clase que pierda.

Maestra: ¿Es un acuerdo?

José: Sí.

Y por supuesto que el maestro deberá estar al pendiente de que el alumno cumpla con el acuerdo.

Gina y Sabrina, de 13 y 14 años, descargaron el extinguidor de la cocina de su escuela.

Consecuencia: Se quedaron a la hora de la salida a lavar a fondo la cocina, platos, vasos, paredes, etc. Terminaron dos horas después. Se encargaron de llevar el extinguidor a cargar y pagaron el costo.

Tenemos que ayudar al adolescente, a base de preguntas, a encontrar la mejor consecuencia para que se responsabilice de lo que hizo. Cuando él encuentra la solución, es más fácil que se comprometa y cumpla, pues no siente que es injusto ni que ha sido una imposición por parte del adulto. Lo estamos encaminando a que aprenda a "responsabilizarse voluntariamente".

Respetuosa

Para que sean consecuencias y no castigos, tenemos que ser respetuosos cuando las aplicamos. Es decir, no amenazar, sermonear, aconsejar, gritar o sentenciar.

Para ello el adulto deberá recordar:

- Estar tranquilo cuando hable con el adolescente; es decir, si está enojado tendrá que esperar hasta estar calmado antes de dirigirse a él.
- No estar a la defensiva.
- No tomarlo personal. Recuerden, el adolescente no está agrediéndonos, está en su propio mundo satisfaciendo, aunque a veces de manera equivocada, sus propias necesidades.

Al hablar con el adolescente deberán hacerlo de manera:

- Calmada… sin enojo.
- Casual… sin tomarlo de manera personal, sin carga emocional.
- Concisa… sin sermones, de forma clara y directa.

De esta manera desarmamos al adolescente. No tiene con quién pelear, por que no hay adversario. Vean el siguiente caso:

Tres adolescentes estaban encargados de lavar los trastes del refrigerio en la escuela pero, cuando terminaron, la maestra que supervisó la limpieza vio que había restos de jitomate en el techo y en una pared.

Cuando les preguntó, sin enojo y sin carga emocional, lo que había pasado, ellos admitieron haber estado jugando y aventando la comida.

Consecuencia: La maestra les pidió que se quedaran después de la salida de clases a limpiar el techo y la pared. Cuando preguntaron por qué hasta la salida, la maestra les explicó que no podían perder tiempo de sus horas de trabajo en clases. La maestra pidió que uno de sus padres se quedara con ellos, y cuando preguntaron por qué no un maestro, les contestó que los maestros tenían que irse a casa después de su trabajo. También quisieron saber por qué no lo podían hacer solos, y ella les explicó que porque había que usar una escalera para limpiar el techo y por seguridad era importante que un adulto estuviera presente.

Las consecuencias, aplicadas con el apoyo del adulto, provocan un aprendizaje significativo. En este caso, todo quedó en orden, no hubo resentimientos ni castigos extra. Lo que aprendieron los adolescentes fue a recapacitar antes de actuar. Así la próxima vez que quieran hacer una travesura lo pensarán dos veces, pues recordarán lo incómodo que es ocupar su tiempo libre para corregir lo que hicieron, hablar con sus padres, ser vistos por sus demás compañeros y... ¡optarán por mejor no hacerlo!

Razonable

Para ser razonables tenemos que tomar en cuenta la edad del adolescente. No es lo mismo si tiene 12 que 16 o 20 años. Cada uno está en un momento distinto de su proceso de madu-

CONSECUENCIAS VS. CASTIGOS ❖ 147

ración y esto hay que tomarlo en cuenta. A veces la reparación puede ser simbólica, como en el siguiente ejemplo:

> Damián juega a la pelota en la sala y rompe un jarrón antiguo muy costoso.
> **Consecuencia**: Deberá reponer el jarrón por uno más barato, pero con su dinero.

Cuando aplicamos consecuencias para educar a los hijos, tenemos que tener en cuenta nuestro objetivo: ayudar a que se responsabilice. Nuestra meta no es vengarnos ("Que pague por lo que hizo, no me importa si se tarda un año") ni tampoco mostrar nuestro poder. Lo que queremos es que el hijo se dé cuenta de su impacto y cambie lo que está haciendo.

> Gilberto y Leopoldo eran excelentes futbolistas, pero al desvestirse en casa no lograban atinarle al cesto de la ropa sucia, y sus vestimentas estaban regadas por todo el cuarto y el baño. Un buen día su madre decidió aplicar una consecuencia. "Quiero que sepan, hijos, que para mí la ropa que necesita lavarse es la que se encuentra en el cesto de la ropa sucia. Y por lo tanto, ésa es la única que voy a lavar", les dijo la madre en tono casual. Los hijos la escucharon y no le creyeron. Pero a partir de ese momento ella sólo lavaba lo que estaba en el cesto. Sin embargo, le molestaba de todas formas ver toda la ropa tirada, así que decidió guardarla en un closet vacío que tenía en otra habitación. Así, pensó: "Ojos que no ven, corazón que no siente."
> Los hijos no se percataron de lo que ocurría hasta que se dieron cuenta de que su guardarropa iba en constante disminución, y un día, al abrir el closet, se encontraron para su sorpresa ¡con toda su ropa sucia!
> A partir de ese momento empezaron a atinarle al cesto de ropa sucia.

Guiar a los jóvenes a desarrollar la responsabilidad implica también un acto de confianza en su potencial. No nacemos responsables, porque no tenemos conciencia de cómo afectamos con nuestras conductas a los demás. Por lo tanto, tenemos que, poco a poco, ir despertando y tomando conciencia de que, como seres sociales, tenemos que tomar a otros en cuenta. Así vamos lentamente aprendiendo.

Esta es la paradoja de educar: tenemos que aceptar el lugar limitado donde se encuentra el adolescente pero sin perder de vista su potencial.

Renata ingresó a segundo de secundaria en una escuela alternativa y mostró una total falta de interés en su trabajo: no hacía tareas, no tomaba apuntes, ni participaba en clase, a pesar de ser muy inteligente. Después de intentar que viviera las consecuencias de su comportamiento, como era quedarse después de clases a hacer las tareas, y al ver que la situación no mejoraba, la directora la citó en la oficina con sus padres. Acordaron entre los cuatro –alumna, directora y ambos padres– que si no subía su promedio a ocho, tendría que dejar el colegio. Cabe mencionar que era una alumna brillante, capaz de las más altas calificaciones. El acuerdo se firmó por escrito, pero al no cumplir al finalizar el año escolar, no se le permitió que continuara el siguiente año.

Un año más tarde regresó a pedir que el colegio completara su solicitud para estudiar la preparatoria en el extranjero, pues mencionó: "Ustedes son los que mejor me conocen." Cuando regresó, vino de visita al colegio y participó en una sesión de diálogos con un grupo de padres de familia.

"La experiencia más impactante que he tenido fue cuando me pidieron que me retirara de este colegio por no haber cumplido con mi compromiso. Fue muy duro para mí, pero aprendí a responsabilizarme por lo que hago. Muchas gracias."

Los jóvenes que aprenden a ser responsables son hijos de padres que:

1. Reconocen lo que está pasando; no lo niegan, encubren o ignoran.

2. Le expresan a sus hijos cómo se sienten respecto de esa situación y mantienen una comunicación abierta.

3. Respetan los límites de la escuela y apoyan sus consecuencias. El adolescente tiene que aprender a manejarse en distintas situaciones y saber responder ante ellas.

4. Están al pendiente de cómo se resuelve la situación. Es decir, están presentes, se interesan y responden ante lo que está viviendo el hijo. No se desentienden ni reaccionan con castigos.

Los enemigos de la responsabilidad

Como padres, muchas veces nos enfrentamos con la dificultad de tratar de ser congruentes y ayudar a nuestros hijos a ser responsables. Nuestros mayores enemigos son:

1. El estrés

Cuando estamos estresados no nos sentimos con la fuerza y las ganas de ocuparnos de nuestros hijos. Los vemos como una carga y, por lo mismo, tendemos a negar, es decir, a no querer reconocer cuando están siendo irresponsables. Terminamos siendo permisivos para no enfrentar nuestra tarea de corregirlos.

2. La comodidad

Es natural querer estar cómodos y contentos, pero cuando esto nos impide enfrentar conflictos o asumir nuestra responsabilidad creamos una bomba de tiempo. Entre más evadamos los problemas con nuestros hijos más tenderán a crecer, como una bola de nieve que rueda y cada vez se hace más grande.

3. La culpa

Cuando hacemos caso a la voz de la culpa, que nos dice que seamos permisivos porque no hemos dado suficiente atención a los hijos o no hemos sido buenos padres, estamos escuchando a un pésimo consejero. A la culpa hay que callarla y usar nuestro sentido común para poner límites cuando sea necesario.

4. El miedo a la pérdida del amor

Cuando dejo de poner límites por el miedo a perder el amor de mi hijo, estoy olvidando que mi tarea más importante es educar; que cuando no complazco a mi hijo, puede ser que en ese momento hasta me deteste, pero que el amor regresará, como una liga que se estira y vuelve a recuperar su forma. Pero cuando cumplimos con nuestra tarea de hacer lo que consideramos correcto, con el tiempo cosecharemos no sólo el amor de nuestros hijos, sino también su respeto y admiración.

El fracaso y el dolor

Es muy importante que el adolescente aprenda a manejar sus errores y a aceptar el dolor como parte de la vida. De ello va a depender cómo reacciona cuando las cosas no salen como él las planea o cuando se equivoca. Si los padres y los maestros le enseñan a ver el dolor como parte de su crecimiento, como una forma de aprendizaje, el adolescente, cuando cae por fallas propias, se levanta nuevamente y lo vuelve a intentar. Por eso es indispensable que alentemos a nuestros hijos con comentarios positivos cuando se equivoquen.*

Cuando, por el contrario, los padres lo humillan o lo hacen sentir un fracasado cuando comete errores, lastiman su autoestima. El adolescente, en vez de decir: "Lo que hice fue equivocado", separando de esta manera su comportamiento de su persona, concluye: "Soy un fracaso, no sirvo." Así, tratará de evitar a toda costa fallar para no sentirse devaluado.

Cuando los padres quieren hijos "perfectos", el adolescente se siente sumamente presionado. Cada error es una confirmación de su ineptitud e inadecuación, y por consiguiente, una desilusión para sus padres. Temerá arriesgarse para no correr

---

* Vea el capítulo 7 de *Disciplina con amor*, Editorial Pax México, México, 2004.

el peligro de equivocarse, y vivirá con la zozobra de no cumplir con las expectativas de los padres.

Por otro lado, cuando los padres lo sobreprotegen y lo rescatan de situaciones molestas o dolorosas, el hijo no aprende a manejar la frustración. Estos padres pueden ser bien intencionados, pues piensan que ésta es una manera de amar al hijo, pero no se dan cuenta del daño que le hacen, pues se queda como un niño pequeño e inmaduro a nivel emocional.

"Tomás, hijo, no es necesario que vueles para el funeral de tu madre. Yo puedo arreglármelas solo. No tiene caso que vengas a pasar un mal rato. Al cabo tú te despediste de ella, y con eso es suficiente", le dice el padre a su hijo universitario.

Tomás es hijo único. Su padre piensa equivocadamente que le hace un favor evitándole que sufra pidiéndole que asista al funeral de su madre. No se da cuenta de que es importante para su hijo tener la experiencia de apoyarlo, compartir su dolor y asumir la responsabilidad de ayudar con los servicios funerarios. Al sobreprotegerlo no le da su lugar como adulto joven que es, sino que lo trata como un niño pequeño, exento de responsabilidades.

Cuando les evitamos el dolor, los debilitamos. Aunque estoy convencida de que existimos para ser felices y disfrutar, también pienso que hay que aceptar el sufrimiento como parte de la vida y que hay que verlo de frente. De esa forma aprendemos a manejar nuestros sentimientos de dolor y nos fortalecemos.

Muchos suicidios entre los adolescentes podrían prevenirse enseñándoles a enfrentar tanto el fracaso como el dolor. Necesitan aprender que ambos son parte de la vida y que en vez de aterrorizarse y huir cuando hay problemas, desilusiones o conflictos, pueden sobreponerse, asumir su responsabilidad y seguir adelante.

Afirmaciones

☆ *Amo ser flexible y tolerante conmigo mismo y con los demás.*

☆ *Permito y perdono los errores de mi hijo pues comprendo que sólo son medios de aprendizaje.*

El adolescente y el trabajo

"Para este trabajo necesitamos a un hombre muy responsable", le dice el jefe al solicitante.

"Pues creo que yo soy la persona que están buscando, porque en mis otros trabajos, cuando algo salía mal, todos siempre me decían que yo era el responsable." *

Una de las maneras más efectivas para ayudar al adolescente a responsabilizarse es apoyándolo para que trabaje. De esta manera probará sus alas. Comprenderá el valor del dinero y estará bajo las órdenes de personas ajenas a la familia.

"Cómo te sientes, Alberto?", le pregunta la madre a su hijo al llegar a casa.

"Agotado, no puedo ni caminar, ya no aguanto los pies. Nunca pensé que ser mesero fuera tan cansado. ¡Y a veces hay clientes que ni propina te dan! ¡Nunca me vuelvo a quejar del servicio en un restaurante!", responde el adolescente tumbándose en el sofá.

Alberto está aprendiendo sobre el mundo adulto. Está dándose cuenta de lo que significa ganarse el dinero y tener la responsabilidad de un trabajo.

Veamos tres maneras distintas de responder ante esta situación:

---

* Adaptado de Bob Phillips, *The World's All-Time Best Collection of Good Clean Jokes*, Galahad Books, Nueva York, 1996, p. 249.

Madre sobreprotectora:
"Creo que son demasiadas horas para ti, mejor renuncia. ¿Qué necesidad tienes? Si tu padre y yo te podemos muy bien mantener."

Madre autoritaria:
"Pues no veo de qué te quejas. ¡Eso no es nada comparado con lo que yo hacía a tu edad!"

Madre consciente:
"Sí, hijo, me puedo imaginar que estás muy cansado después de tantas horas de estar parado, pero te debes sentir muy satisfecho de haber hecho tan buen trabajo. ¿Quieres que te prepare algo de comer?"

> Cora tiene 17 años y, después de haber vivido una infancia dolorosa –pues tenía mucha rabia contra sus padres por haberla abandonado–, se la encuentra su maestra de secundaria en un centro comercial. Con aparente satisfacción, la adolescente le comenta: "Estoy feliz, pues encontré una comunidad en la cual estoy trabajando los sábados como asistente de maestra. Hay una niña de siete años con discapacidad que necesitaba una silla de ruedas, así que organicé una campaña en mi colonia y por fin se la pudimos comprar."

Cuando un adolescente hace trabajo social y se pone en contacto con personas necesitadas, sus problemas se encogen, pierden importancia, pues deja de estar centrado en sí mismo. Poder ser de servicio para otros le da un sentido de vida y alimenta su autoestima.

El trabajo le da un verdadero sentido de responsabilidad al adolescente. Le permite confrontarse con sus limitaciones y adquirir nuevas capacidades que lo hacen sentirse orgulloso y seguro de sí mismo. Canaliza su energía de una manera positiva y ocupa su mente. En una palabra, lo ayuda a madurar.

El eterno adolescente

"Una mujer de 85 años acaba de recibir en el estado de Texas su título profesional. Sus padres están encantados. Por fin podrá mudarse de la casa."*

Hay personas que nunca dejan de ser adolescentes, pues aunque siguen creciendo y maduran físicamente no sucede lo mismo a nivel emocional. Cuando los padres los sobreprotegen y los rescatan para que nunca estén incómodos o tristes, estos adolescentes dejan de aprender a tomar las riendas de su vida y permanecen por siempre irresponsables, viviendo en total inconciencia de cómo afectan a los demás con sus acciones y actitudes. Tienen baja tolerancia a la frustración y piensan que el mundo está sólo para complacerlos. Saben recibir pero no dar.

"¿Ya viste lo que le regalaron a Antonio sus padres? Una motocicleta último modelo. No entiendo. Es un flojo: no hace tareas, no toma apuntes y está reprobando varias materias. ¿Cómo pueden premiar su mal comportamiento de esa manera?", comenta sorprendida Sara a otra compañera de clases.

Antonio es un buen candidato para quedarse como "eterno adolescente", pues sus padres hacen caso omiso de su irresponsabilidad. Mientras ellos vivan y puedan seguir rescatándolo, Antonio seguirá siendo un hijo de familia con toda su vida resuelta. Cuando sus padres falten, tendrá que despertar a una realidad que seguramente lo tomará por sorpresa.

Efraín fue sorprendido usando su teléfono celular para molestar a un compañero durante clases. Cuando su madre se presentó a recogerlo, le pidieron que pasara a la oficina para informarle de la situación. Cuando Efraín se presentó, aprovechó la distracción de la maestra para pasarle disimuladamente el

---

* Adaptado de Jay Leno en Judy Brown, *The Funny Pages*, Andrews McMeel Publishing, Kansas City, 2002, p. 47.

celular a la madre para que lo escondiera. Cuando la maestra acusó al joven, ambos negaron que hubiera traído un celular al colegio.

Efraín ha recorrido tres escuelas en sus tres años de secundaria.

Efraín es otro excelente candidato para quedarse como eterno adolescente. Gracias a su madre, que piensa que le hace un favor encubriendo su falta de responsabilidad, él continuará pensando que sus acciones no tienen por qué tener consecuencias. Y que en la vida él siempre puede "salirse con la suya".

Si queremos que nuestros hijos maduren, no sólo a nivel físico sino también a nivel emocional, tenemos que ayudarlos a convertirse en personas responsables. Necesitamos enseñarles que toda acción conlleva una consecuencia, y que ésta a veces es agradable, otras no; y que depende solamente de ellos. Porque cuando reconocen que en todo momento están creando, a través de sus elecciones, creencias y actitudes, su propia realidad, asumen verdaderamente la responsabilidad de su vida y pueden elegir hacer de ella lo que más deseen.

La pregunta con la que tenemos que vivir es: ¿Qué realidad elijo crearme?

capítulo 8

Las adicciones en la adolescencia: su significado y prevención

El adolescente explora el mundo adulto

Podemos comparar al adolescente con el infante que empieza a caminar y a explorar su medio ambiente. El adolescente también está empezando a movilizarse, pero en el mundo de los adultos y, al igual que para el niño, todo es nuevo para él. Así que es fácil comprender que de la misma manera en que el infante investiga y juega con todo lo que lo rodea, el adolescente lo hace pero con el cigarro, el alcohol, las drogas y el sexo del mundo adulto. Y de igual forma, como un niño que, cuando tiene un adulto como guía, con el tiempo se da cuenta de qué cosas son peligrosas y qué cosas no lo son, el adolescente puede aprender, apoyado por adultos interesados en su proceso, a sortear los peligros del mundo adulto, poner límites usando su sentido común y encontrar esa voz interna que avisa cuando hay peligro y tiene que detenerse.

Durante el proceso de individuación, el adolescente está buscando autodefinirse en el mundo adulto. Aunque no lo exprese abiertamente, vive con la pregunta: "¿Quién soy en este nuevo mundo al que me estoy integrando?" Puede creer, equivocadamente, que para ser un adulto sólo necesita imitar los comportamientos y actitudes de sus mayores. Puede pensar que ser adulto significa tener la libertad de "hacer todo lo que quiere, cuando quiere y por que quiere", sin restricción alguna; que puede beber y fumar todo lo que desee, así como tener completa libertad sexual. Como está en proceso de separarse de sus padres, de dejar el "nido" para encontrar su propio camino, el adolescente prueba y ensaya los diferentes roles de lo que él considera el mundo adulto con el deseo de encontrar su lugar. Pero para soltar a la familia, el joven necesita una nueva plataforma sobre la cual reubicarse: su grupo de amigos. Suelta un mundo y busca sentirse acogido por el otro, y es por ello que la necesidad de pertenecer del adolescente es tan intensa. Pero cuando sus amigos están obteniendo su sentido de autoestima a través de fumar, beber, drogarse o tener relaciones sexuales, el adolescente que necesita ser aceptado puede con facilidad sucumbir.

> "En realidad yo nunca pensé en fumar. No me gustaba el olor y me dolía la cabeza cuando lo intentaba; una vez hasta vomité. En mi casa, mis padres no fuman. Pero me sentía muy presionado por mis amigos, que se burlaban de mí y me rechazaban. Aprendí a fumar sólo para poder estar con ellos."

Por otro lado, como dice Felicitas Vogt, terapeuta de adicciones, el joven en la pubertad se siente aprisionado en su cuerpo, sujeto a reglas y modelos rígidos de comportamientos impuestos por la sociedad, y busca liberarse de alguna manera: "Hay un poder explosivo y revolucionario en cada adolescente que busca romper esas constricciones y límites para llegar más allá de cualquier frontera. Es por eso que las drogas tienen una natural afinidad con la adolescencia…"

Nuestro trabajo como padres es el de mostrarle al adolescente lo que realmente significa ser adulto. Que ser adulto no quiere decir sostener con soltura un cigarro o una bebida alcohólica, que la madurez no está en la forma sino en el contenido, que es un proceso interno que no implica solamente copiar las apariencias y las distintas conductas de los mayores.

Cuando la exploración se convierte en adicción

¿Pero cómo se convierte en adicción un interés sano de conocer y explorar? Aprovecho para compartir lo que he aprendido en los talleres y consultas de Shawn Randall en relación con las adicciones.

Podemos reconocer dos niveles: el primero, donde el adolescente sólo experimenta, como el niño pequeño que se disfraza con la ropa de los padres para jugar a "papá y mamá"; y un segundo, donde esa exploración ya se ha convertido en adicción. Este último paso ocurre cuando el adolescente, al sentirse impotente, desamparado o fuera de control, trata de sustituir sus necesidades emocionales insatisfechas con el alcohol, las drogas, el sexo, la comida, etcétera. Piensa que estos sustitutos le pueden servir de salvavidas, y como sí le ofrecen un alivio momentáneo, puede quedarse con la ilusión de que ha encontrado la solución para su desasosiego emocional.

Podemos sospechar que hay una adicción cuando se ven afectadas la salud, las relaciones, los estudios y el interés o ambición del adolescente. Y no hay que confundir la necesidad que tiene de espacio y privacidad con el aislamiento, ni su necesidad de expresarse con la automutilación.

"Me llamo Ulises y soy adicto al cigarro y al alcohol. De chico tenía una relación muy bella con mi hermano, pero cuando él entró a la adolescencia y empezó a beber, yo sentí que lo estaba perdiendo. Para sentirme más cercano a él empecé a acompañarlo a beber. Dejé a mis amigos y perdí interés en ir a la escuela. Me doy cuenta de que cuando perdí la relación con mi hermano, el alcohol se convirtió en su sustituto. Ahora tengo 30 años y soy un bebedor social. Sé que cuando empiezo a beber es como una espiral descendiente que no puedo controlar."

A veces las adicciones vienen a sustituir a un amigo. Ulises extrañaba a su hermano y el alcohol le ofrecía compañía. Él tiene que sanar su miedo a la pérdida del amor y encontrar un verdadero sentido de vinculación y de relación. Cuando esto sane, no tendrá miedo de ingerir alcohol y perder el control.

"Me llamo Julisa y soy adicta a la comida. Cuando inicié la pubertad a los 11 años me sentía sola y abandonada, pues mi madre estaba muy ocupada con las terapias de mi hermana, y esto se conjuntó con la separación de mis padres. Fue entonces que empecé a refugiarme en la comida y a fumar. Siento placer cuando comienzo a comer, pero no puedo parar, aunque me sienta satisfecha. Me doy cuenta de que la comida llena un vacío emocional y representa el placer y el amor que me hacen falta."

Para Julisa la comida es como una compañera que le da atención y cariño. El comer descontroladamente viene a sustituir su necesidad de placer y compañía. Julisa necesita encontrar maneras de darse a sí misma esta atención y placer en formas que sean saludables y buenas para su cuerpo. Cuando los placeres pueden causar la muerte, dejan de ser placeres. Necesita hablar con su "niña interior" y decirle: "Está bien y es válido que quieras atención y cariño, pero no de esta manera."

"Soy Alexia y tengo 15 años. Mis padres controlan todo lo que hago: me dicen cómo vestirme, cómo peinarme, escuchan mis conversaciones y escogen a mis amigos. Siento que no puedo respirar y me siento constantemente observada. Para sentirme mejor empecé a comer compulsivamente para después vomitar. Era mi secreto. Sólo yo lo sabía y era mi manera de sentir que había algo en mi vida que sólo a mí me pertenecía."

Para Alexia comer y vomitar se convirtieron en una forma de sentirse en contacto con ella misma. Le ofrecían la intimidad que no podía tener con unos padres controladores. En detrimento de su salud, encontró en la bulimia una manera de vengarse de ellos. A Alexia le hace falta un espacio para canalizar su necesidad de estar con ella misma; para reflexionar, escribir o quizás hasta meditar.

La anorexia y la bulimia también están relacionadas con la imagen que se forma de sí misma una joven, quien puede pensar: "Si sólo pesara 48 kilos sería perfecta." Es así como el enojo reprimido de no aceptarse a sí misma se vuelve autodestructivo; adelgazar es sólo un espejismo, ya que, no importa cuánto baje de peso, nunca se sentirá satisfecha. Estas enfermedades, tan comunes hoy en día, son un buen ejemplo del daño que nuestra sociedad puede hacer al darle a los jóvenes la idea de que lo más importante de sus personas es su apariencia. Cuando el adolescente cifra toda su autoestima en su aspecto, puede sentirse impotente cuando no logra la "perfección".

Cuando nos creemos impotentes, sentimos amenazada nuestra supervivencia. Equivocadamente pensamos que hemos perdido nuestro poder personal y buscamos, aunque sea de manera inconsciente, recuperarlo. Pero cuando, en vez de buscar la solución dentro de nosotros mismos, buscamos afuera, el cigarro, el alcohol, las drogas, el sexo, el comer o la televisión, entre otras cosas, pueden darnos el consuelo que añoramos al otorgarnos un aparente sentido de control. Y nos podemos aferrar a ellas en un intento de sentirnos mejor cuando estamos pasando por situaciones difíciles, pues son como paliativos para los sentimientos dolorosos que nos invaden. Es ahí donde corremos el riesgo de volvernos adictos.

Pero estas sustancias no pueden regresarnos nuestro poder personal, porque ese poder está en nosotros mismos. Y es por eso que necesitamos observarnos para descubrir qué nos está haciendo falta y qué podemos hacer para recuperar nuestro equilibrio.

"Me llamo Tina, tengo 36 años y soy adicta al cigarro. He tratado de dejar de fumar muchas veces pero siempre vuelvo a empezar. Cuando tenía 15 años mi abuela me obligó a terminar con mi novio. Me sentía triste y manipulada y me refugié en mis amigos y empecé a fumar con ellos. El cigarro me hacía sentir que era parte del grupo. Ahora de adulto me doy cuenta de que me da confianza y que de alguna manera es parte de mi imagen. Sin el cigarro siento que algo me hace falta y no sé qué hacer con mis manos, pues el cigarro las mantiene ocupadas. Fumar también me da cierta protección; es como un escudo en el que me escondo para evitar la intimidad con otros."

Tina empezó a fumar en un momento de vulnerabilidad, cuando se sintió sola y manipulada como adolescente. Se refugió en el cigarro como una forma de mantenerse a flote. Pero ahora, de adulto, necesita curar el miedo que tiene a expresar lo que siente a niveles más profundos. Tiene que sanar su dificultad para comunicar lo que realmente piensa y siente sin esconderse detrás del cigarro. Primero tiene que atender estas carencias emocionales antes de intentar soltar el cigarro, que le sirve como sostén temporal.

"Me llamo Leticia y tuve desde pequeña una conexión muy especial con mi abuelo. Cuando tenía 12 años murió y esto me causó un gran dolor. Nunca entendí por qué tenía que irse. Fue entonces que empecé a fumar para sentirme relajada y en paz. Ahora, cuando fumo, el cigarro parece adormecerme y me siento más relajada. Siento que no tengo que pensar y también me siento conectada."

El cigarro no es una auténtica conexión, es sólo un sustituto de esa unión que ella busca. Si Leticia logra verdaderamente conectarse, no necesitará del cigarro para sentirse bien.

"Tengo 14 años y me llamo Felicia. Hace dos años que tengo relaciones sexuales con mis compañeros; bueno, más bien con quien se preste. Mis padres están separados y mi madre trabaja todo el tiempo, nunca la veo. Como se siente culpable de no estar conmigo, me compra todo lo que le pido, pero no tiene idea de lo que hago ni a qué me dedico. ¡Si sólo supiera! Pero creo que la verdad es que no le intereso. Sólo está esperando a que sea mayor de edad para que me vaya de la casa. Cuando tengo relaciones me siento importante, que cuento y, también, muy madura y atrevida."

Felicia ha crecido sola. La falta de atención de la madre la ha dejado desamparada y muy enojada. Ser promiscua le permite expresar su sentimiento de rabia por el abandono familiar y le da un falso sentido de autoestima. Necesitaría terapia personal para soltar su enojo y recuperar su sentido de dignidad y de valor.

Es natural que el adolescente se sienta muy interesado en todo lo relacionado con su sexualidad y que, de cierta forma, hasta parezca "obsesionado". Es el resultado normal de todos los cambios hormonales que está viviendo. Pero cuando hay promiscuidad es necesario buscar ayuda profesional para saber por qué necesita este tipo de desahogo. Es necesario encontrar qué le está haciendo falta y cómo puede satisfacerlo de una manera sana.

"Me llamo Mireya y tengo 29 años de edad. Cuando era adolescente, mi madre era muy rígida y abusiva y yo no me sentía como parte de la familia. Simplemente me veía a mí misma como una extraña que no pertenecía. Recuerdo que en señal de protesta me tatué gran parte del cuerpo. Hasta que conocí a un grupo de jóvenes "darketos" que vestían de negro y salían de noche. Este grupo me acogió y yo me sentía feliz en mi nueva familia, que realmente apreciaba mi arte, pues me gustaba modelar en plastilina, dibujar y escribir poesía. No sé qué hubiera sido de mí si no hubiera tenido su apoyo."

Mireya es muy talentosa, pero cuando era adolescente su madre no podía comprender que estuviera en una búsqueda de identidad. El apoyo de su grupo de amigos la ayudó a atravesar por ese periodo difícil de su desarrollo. Actualmente tiene un trabajo como diseñadora para una gran empresa, se ha quitado los tatuajes y es muy productiva y exitosa.

Algunos jóvenes que se sienten marginados en sus propias familias buscan pertenecer a grupos que se convierten en una especie de familia "alternativa". Sus rituales y su forma distinta de vestirse pueden ayudarlos a dar rienda suelta a su creatividad y a sus talentos artísticos. Me comentó una maestra:

"Tenía un alumno llamado Fabricio que cuando tenía 15 años comenzó a vestirse y a pintarse las uñas de negro y a ponerse una raya negra bajo los ojos. Empezó a leer comics de muñecos oscuros, pintó su cuarto también oscuro y colocó una calavera en la pared. Esta etapa le duró dos años, y después comenzó a variar los colores de su ropa, dejó de pintarse las uñas y, aunque le siguieron gustando los comics, agregó más variedad. En vez de la calavera ahora tiene a la Madre Teresa y a un Buda. Creo que lo que le ayudó fue que sus padres no se asustaron, ni lo juzgaron, sino que mostraron un interés genuino por lo que hacía. En casa mantuvieron un ambiente cálido y flexible en el que se podía dialogar de cualquier tema."

El interés de los padres en este caso sirvió de apoyo al hijo durante este periodo de búsqueda de identidad, que terminó una vez satisfecha su necesidad. Los distintos grupos de amigos llegan a servir como apoyo en estos momentos importantes de cambio, y no hay peligro, siempre y cuando no haya un deterioro en su salud, sus relaciones y sus estudios. Cuando los padres, en lugar de juzgarlo, tratan de comprenderlo, el adolescente participa por la necesidad que tiene de expresarse, en vez de por rabia o rebeldía.

Rina tiene 17 años y desde hace dos años es parte de un grupo "darketo", es decir, se viste de negro y sale con sus amigos de noche. Ella es muy talentosa, tiene su cuarto decorado con sus dibujos oscuros y su poesía. Pero también está muy enojada con sus padres. Se niega a comer con ellos, prefiere hacerlo sola en la cocina, y si tiene que acompañarlos, se pone sus audífonos para aislarse. Sus padres son muy conservadores y no entienden qué pasa con ella. Pero entre más tratan de controlarla, más rebelde se vuelve.

En este caso sería aconsejable que toda la familia fuera a una terapia para que recibieran orientación que les ayude a sanar la dinámica familiar.

"Yo siempre quise ser bailarina pero mi padre decía que eso era una pérdida de tiempo, así que escogió una carrera técnica para mí. Me sentía tan frustrada que sólo encontraba desahogo cuando estaba con mis amigos y bebíamos o fumábamos marihuana. Nunca terminé la carrera y en este momento estoy por segunda vez en un centro de rehabilitación."

Cuando el hijo no tiene voz, porque los padres insisten en saber "lo que mejor le conviene", el adolescente se siente impotente, incapaz de empezar a tomar su propia vida en sus manos. Cuando se siente con las alas cortadas, puede recurrir al alcohol y las drogas para sentir alivio.

La raíz de las adicciones

En la raíz de toda adicción está un sentimiento de *impotencia*. En el adolescente ese sentimiento puede tener como causa:

- La *imposibilidad de poder hablar o expresar su individualidad*; es decir, cuando el adolescente no tiene voz y piensa que no cuenta, debido a que los padres no lo toman en consideración, quieren cambiar su temperamento o no están de acuerdo con sus preferencias, o cuando se ve obligado a elegir una carrera profesional que no quiere.
- *Abandono* por parte de los padres o *pérdida de algún ser querido*. El adolescente puede sentirse *aislado y desamparado* y empezar a volverse dependiente de comportamientos que lo dañan, como adormecerse después de muchas horas de ver televisión o de navegar por internet; cortarse, para sentirse vivo, sentir intimidad, conexión; comprar compulsivamente para llenar huecos emocionales; o en un intento por sentirse aceptado, querido y unido al grupo de amigos: fumar, beber, drogarse o ser promiscuo.
- *Control excesivo o sobreprotección* de los padres que asfixian el desarrollo natural del hijo obligándolo a ser y comportarse como ellos desean. (Aunque a escondidas es posible que el adolescente esté fumando y bebiendo para sentirse grande y

maduro. Puede pensar: "Yo puedo burlar la vigilancia de mis padres y hacer lo que yo quiera. Ellos no saben de lo que soy capaz." Fumar, beber, drogarse, etcétera, se convierte en una forma para expresar su rebeldía.)

- *Comparaciones o competencia* con los hermanos o los padres. El adolescente no se siente aceptado por quien es. Piensa que necesita estar constantemente demostrando su valor y se siente presionado y estresado.
- *Perfeccionismo de los padres y expectativas irreales.* Cuando el hijo piensa que está defraudando a sus padres porque "no es lo que ellos hubieran querido" y piensa que no "da la talla", puede buscar refugio en el alcohol o las drogas.
- *Falta de respeto* por parte de los padres hacia el adolescente, que no puede satisfacer su *necesidad de privacidad y de un espacio personal* para poder procesar sus cambios. El joven se siente *invadido* y expuesto por los padres y los hermanos cuando escuchan sus conversaciones, leen sus escritos o se inmiscuyen en sus cosas.
- *Humillaciones, burlas o culpabilización.* El adolescente carga con "vergüenza personal" y puede buscar alivio en alguna adicción.
- *Falta de honestidad* por parte de los padres al ocultar secretos familiares: infidelidades, abortos, enfermedades mentales, suicidios, crímenes, incesto, adicciones. Cuando los padres pretenden que "todo está bien", a pesar de que existen problemas graves dentro del hogar, el adolescente reconoce la falsedad. Esto le causa enojo, que a veces reprime y lo mueve a la rebeldía, lo cual puede orillarlo a buscar desahogo en algún comportamiento adictivo.
- *Padres que son adictos.* El adolescente puede caer en cualquiera de las dos polaridades: se identifica con el padre y sigue sus pasos, volviéndose también adicto; o al sentir que no pertenece, entra en conflicto con la familia, a la cual rechaza y de la que acaba por separarse.

- *Falta de autoestima* debida a la ausencia de un interés genuino, pasión o sentido de propósito en la vida. Cuando no ha tenido maestros que lo inspiren y no se siente de provecho o capaz de participar de manera activa en la vida, puede sentirse aburrido y apático y buscar diversión en las drogas y el alcohol.

- *Sentir que no pertenece a la familia*; por ejemplo, el hijo con necesidades especiales, con deformidades, feos, con problemas de aprendizaje, o adoptados, que no se sienten parte del núcleo familiar.

- *Deseo de huir de la confusión*; por ejemplo, un hijo que se entera de que es adoptado, o un hijo con padres en proceso de divorcio, que pasa de una casa a la otra y se siente "perdido".

Qué hacer cuando hay adicciones

Las tres preguntas que tenemos que considerar cuando hay una adicción son:

1. ¿Qué está sustituyendo la adicción? ¿Qué representa la adicción?

Separarse de la familia, la nueva imagen que tiene de sí mismo, sentirse como un adulto, una manera de rebelarse contra las estructuras sociales.

2. ¿Qué siente cuando fuma, bebe, se droga, etcétera?

Se siente aliviado, inteligente, maduro, independiente de sus padres, que pertenece; se siente conectado, importante, querido, en paz.

3. ¿Cuál es su verdadera necesidad insatisfecha? ¿Qué hay en el "corazón" de la adicción?

En el corazón hay un *deseo positivo* de tener autoestima, de sentirse aceptado, de recibir atención, de sentir amor, de honestidad, de saber que pertenece, de sentirse seguro. Necesidades básicas que todos tenemos como seres humanos y que buscamos satisfacer de una manera u otra.

Si podemos llegar al corazón de la adicción sabremos qué le está haciendo falta al adolescente y, al satisfacer ese deseo positivo, ya no tendrá la necesidad de depender de aquello que la provoca. Para esto, los padres, en vez de juzgarlos, necesitan sentir compasión por ellos, apoyarlos para que encuentren la *ayuda profesional* que les hace falta, ya sea en forma de terapia personal o ingresando en un centro de rehabilitación. El adicto necesita sanar tanto a nivel emocional como a nivel físico.

Cuando los demás miembros de la familia reciben también algún tipo de terapia familiar, se vuelve más fácil comprender y sustentar de mejor manera el proceso del adicto.

Es muy importante que los padres enfrenten la situación y no entren en negación, es decir, en pensar que "ya se le pasará" o que "es sólo una etapa". Algunos adolescentes, es cierto, logran sobreponerse a sus adicciones con los años, pero para otros los efectos son irreversibles. ¿Vale la pena correr el riesgo?

Por otro lado, cuando los padres se enojan con el adicto, inician una "lucha de poder" y, entonces, en vez de corregirse la situación, empeora. Hay que:

De manera amorosa y sin juicios, buscar la ayuda profesional que se requiere.

La mejor ayuda que podemos ofrecer

Tenemos que aceptar dónde está, pero al mismo tiempo mantener presente la imagen de lo que puede llegar a ser.

Quizá les parezca muy difícil pensar que es posible, por un lado, aceptar que su hijo tiene una adicción y que hay que apoyarlo para que reciba ayuda, y por el otro, sostener interiormente una imagen elevada de él, libre de adicciones, desplegando todo su potencial.

Si esto nos parece una contradicción, es sólo en apariencia, pues al vivir en un mundo de dualidad, es posible, si así lo deseamos, hacer un esfuerzo y abrazar ambas polaridades. Aunque debemos reconocer que el hijo está pasando por un momento difícil de su desarrollo, no hay que dejarnos cegar por su problema, sino recordar quién es, en todo el sentido de la palabra. Así le ofrecemos el mayor servicio posible, porque al sostener una visión elevada de su persona le infundimos confianza y esperanza, y el futuro comienza a permearse de optimismo.

El futuro crea nuestro presente, porque al anticipar algo positivo nos sentimos alegres y optimistas, y ese bienestar emocional nos permite atraer a nuestras vidas lo bueno que deseamos. Cuando recordamos lo maravilloso que es nuestro hijo, cuando logramos visualizarlo mucho más allá de sus dificultades, acercamos esa realidad a nuestra vida presente. Jamás debemos cerrarnos y pensar que nuestro hijo no tiene solución o que "está perdido". Lo único que hemos perdido temporalmente es nuestra visión de ellos, que se vuelve estrecha, limitada, miope. Necesitamos ampliarla para poder verlos en toda su magnitud, como los seres extraordinarios que son, con valor y dignidad, merecedores de lo mejor. Cuando podemos sostener esta perspectiva de nuestro hijo, le estamos dando la mejor ayuda posible.

Sugerencias para prevenir las adicciones

La verdadera prevención de las adicciones está en las actitudes y el trato respetuoso que tenemos con nuestros hijos y que describo a lo largo de este libro.

Pero aprovecho para resumir las siguientes sugerencias:

• Estar presentes, interesados y pendientes pero sin sobreproteger o controlar (vean el capítulo 6 de mi libro *Disciplina con amor*, publicado por Editorial Pax México).

- Mantener la comunicación abierta. Dialogar y pasar tiempo juntos. Permitir que el adolescente se exprese y tomar en cuenta sus opiniones y preferencias. Escuchar sus críticas y protestas contra la estructura social.
- Aceptar su individualidad, es decir, su temperamento, sus gustos, sus elecciones.
- Enseñarle a manejar el fracaso y la desilusión. Mostrarle que éstos sólo son medios de aprendizaje y ayudarlo a sobreponerse. Dar ejemplo de valor y confianza en el futuro.
- No tener expectativas irreales o negativas (esperar lo peor) del adolescente o presionarlo con demandas que aún no tiene la madurez suficiente para cumplir.
- Respetar sus cosas y su espacio.
- Ser lo más honestos posible. Y digo "lo más honestos posible" porque, por ejemplo, cuando hay una infidelidad por parte de alguno de los padres, no es conveniente compartirla. Cuando un padre se "confiesa" con el hijo, éste siente rabia, no sólo contra el padre que ha sido infiel, sino también contra el que se lo participó.

> "No entiendo por qué me contó mi madre que mi padre tiene una amante. ¡Siento coraje contra ella por habérmelo dicho! Se lo hubiera guardado, porque no es mi asunto y no puedo hacer nada para arreglarlo. Ahora no duermo de preocupación y miedo de que se desintegre la familia y ¡me siento muy infeliz!"

El hijo adolescente, por inteligente que sea, no tiene la madurez emocional para comprender la infidelidad de alguno de sus padres. Al inmiscuirlo en sus problemas de adultos le están haciendo una gran injusticia. Lo están colocando entre "la espada y la pared" al obligarlo a tomar partido y pedirle que juzgue una situación que no le corresponde. Tiene que abandonar su lugar de hijo en proceso de maduración, para ocupar otro como adulto y confidente de los padres. ¡Es demasiado para un adolescente!

Cuando una pareja se divorcia por causa de una infidelidad, es muy difícil para el hijo, pues se siente interiormente rasgado cuando tiene que elegir entre los dos seres que le han dado la vida y de los cuales aún depende emocionalmente. Escoja a quien escoja, de todas maneras terminará perdiendo.

- Inspirarlo para que encuentre y desarrolle sus talentos, dones e intereses. Esto le da un sentido y propósito a su vida.
- Facilitar, cuando sea posible, que viaje. El identificarse con otras culturas puede ser una manera de despertar en él nuevos y más variados intereses que lo lleven a descubrir sus talentos y dones. Además, los jóvenes que tienen la oportunidad de viajar tienen menos necesidad de rebelarse contra la familia, porque al viajar tienen la oportunidad de "probar sus alas" y sentir su libertad.
- Ofrecerles cursos de arte, música y teatro. El adolescente necesita medios para expresarse de forma positiva. El arte es un canal excelente para dicha expresión.
- Animarlos para que escriban un diario, pues es una manera maravillosa para desahogar sus inquietudes.
- Si el padre está ausente, encontrar un mentor o tutor para el hijo varón. Puede ser un maestro o un pariente con el cual pueda identificarse y en el cual pueda apoyarse.
- Promover el deporte para canalizar su energía.
- Fomentar el contacto con la naturaleza –por ejemplo, por medio de campamentos–, que sirve de contrapeso al exceso de trabajo intelectual y uso de tecnología.
- Cuidar de no darles demasiado dinero para mitigar los sentimientos de culpa por no estar con ellos. Demasiado dinero en manos de adolescentes puede ser una gran tentación.

"Amor, ¿hace cuánto que no vemos a nuestro hijo?", pregunta la madre a su esposo. "No sé, revisa la fecha en la chequera", le contesta el marido distraído.*

---

* Adaptado de *Die Weltwoche, en Reader's Digest, Laughter, the best medicine*, The Reader's Digest Association, Pleasantville, 1997 p. 27.

Y tengan cuidado, los adolescentes ¡pueden ser muy listos!

"¿Madre, me prestas 100 pesos?"
La madre revisa su cartera: "Sólo tengo 70."
"No importa", contesta el hijo, "entonces ya nada más me debes 30."*

Para ayudar al adolescente a crecer libre de adicciones, como padres necesitamos:

• Mostrarle con nuestro ejemplo cómo manejamos nuestras decepciones, fracasos, conflictos y crisis sin apoyarnos en sustancias estimulantes o conductas adictivas. Enseñarles a ver los problemas como retos y oportunidades para crecer.
• Ser un ejemplo de cómo se puede disfrutar y gozar de la vida sin sustancias estimulantes.
• Vivir el presente con optimismo y sostener una visión positiva del futuro para impulsar al joven a mirar con confianza hacia adelante.
• Sentir satisfacción con nuestro trabajo y tener un propósito de vida.

Mantengan su miedo a raya

Permítanme hacerles una pregunta: ¿se saltaron algunos capítulos para leer éste sobre las adicciones? Si es así, no me sorprende. Recibimos tanta información negativa relacionada con problemas de adolescentes que vivimos con miedo. Estamos, a veces sin darnos cuenta, esperando y pensando lo peor. Y por ello, nos puede parecer fascinante leer sobre las adicciones, aunque también atemorizante, al hacernos pensar: "¿Y si le sucede esto a mi hijo?"

---

* Tomado de Bob Phillips, *The Best Ever Book of Good Clean Jokes*, Galahad Books, Nueva Jersey, 1998, p. 144.

"¿Sabes qué, amor? Vengo con los pelos parados de punta. Fui a desayunar con mis amigas y hubieras oído las historias que contaron. Una platicó de una adolescente a la que drogaron y violaron en una fiesta. Otra habló de un accidente horrible que tuvieron dos jóvenes que venían alcoholizados. Y la tercera nos relató las últimas tragedias del noticiero de la noche. Después de oírlas, no estoy segura de querer dejar que Selma vaya a ese campamento al que tiene tantas ganas de ir. Me puse a imaginar TODO lo que le podría pasar..."

Si damos rienda suelta a las "historias de terror" que a menudo nos fabricamos mentalmente, no volveremos a salir de nuestras casas, porque la imaginación no tiene límites. Tengamos por seguro que, si alimentamos esas historias, terminaremos cortándoles las alas a los hijos y viviremos inseguros e infelices.

La pregunta entonces se reduce a *cómo educar sin miedo*. Recordemos que el miedo es como una pequeña fogata que hay que mantener a raya; sabemos que existe, hay que verla y reconocerla, pero cuidar que no crezca y termine incendiando nuestras vidas, porque vivir con miedo es vivir contraídos, esperando lo peor. Y si la vida nos otorga lo que anticipamos cuando vivimos preocupados, no nos va a gustar lo que recibamos.

Los indios del Amazonas tienen un dicho muy sabio:

"Mantén a tu miedo pequeño
Porque si le permites crecer
Tú serás el pequeño."

Cuando el miedo contamina nuestro amor por los hijos empezamos a ver "moros con trinchetes". Imaginamos peligros inexistentes y dejamos de confiar en nuestros hijos. Entonces les coartamos su deseo natural de independizarse y de asumir la responsabilidad de sus vidas para finalmente emprender el vuelo. Y el mayor peligro es que, cuando el adolescente se siente restringido y confinado, tiende por naturaleza a querer soltarse con fuerza. Es así como se rebela, y en ese deseo de ser libre corre el mayor riesgo.

Mi recomendación es que si los noticieros y las conversaciones sobre los peligros que corren los adolescentes en "este mundo terrible que estamos viviendo", los inquietan y turban, entonces ¡no los escuchen! Y tal vez digan: "pero es importante mantenernos informados"; sí, pero siempre y cuando eso no los atemorice y llene de preocupación. Porque, ¿quién puede ser mejor padre: uno atemorizado y pesimista o uno contento y optimista?

Escojan con cuidado lo que escuchen y lo que ven en los medios de comunicación y en el cine, elijan conscientemente las conversaciones en las que quieran participar. Y la medida es siempre: ¿cómo me siento después? Si estoy inspirada, contenta, optimista, entonces valió la pena. Si me siento preocupada, pesimista y desesperanzada, perdí mi tiempo y ahora tengo que ver cómo recupero mi bienestar emocional. Necesito soltar mi miedo y mi incomodidad, porque si no lo hago termino afectando a los que me rodean, y los más vulnerables son mis hijos.

Cuiden cómo se sienten, pues sólo ustedes son responsables de sus emociones y es imposible ser amoroso y temeroso al mismo tiempo. El miedo excluye al amor. Así que si quieren ser amorosos con sus hijos, hagan el miedo a un lado, confíen en sus habilidades como educadores y sólo entonces podrán darles lo mejor de ustedes mismos.

Afirmaciones

☆ *Mi miedo no le pertenece a mi hijo, sólo yo soy responsable de mis emociones.*

☆ *Me sobrepongo a mi miedo para guiar a mi hijo con confianza.*

capítulo 9

Veinte cosas de los adultos que más molestan y que más gustan a los adolescentes

Las veinte cosas de los adultos que más molestan a los adolescentes

Los adolescentes son muy claros y directos. Si uno les pregunta qué les molesta de nuestras actitudes, en seguida nos lo hacen saber. Pero a veces el problema es que no estamos abiertos para escuchar.

Les ofrezco una lista para que la revisen.* Puede ser que se identifiquen con algunos puntos y encuentren actitudes arraigadas y reacciones automáticas que quizá están repitiendo sin darse cuenta. También les brindo sugerencias para mejorar la relación que tienen con su adolescente.

1. Que te comparen

"A veces me comparan con mi hermano, mi primo, el hijo del vecino, y me los ponen de ejemplo: 'Deberías aprender de tu hermano, que no rezonga cuando vamos a casa de tus abuelos. ¡Como lo detesto!'"

Al dialogar con adolescentes acerca de lo que les molesta, invariablemente inician con este punto, pues odian que se les com-

---

* Gloria Ugalde, directora y maestra del colegio Comunidad Educativa Hanrath de la ciudad de Aguascalientes, compartió conmigo una lista, elaborada a partir de sus diálogos con alumnos de secundaria, de lo que más les molesta a éstos en su relación con los adultos.

pare, especialmente si los modelos de referencia también son jóvenes. Pero pueden ser muy ingeniosos para defenderse:

"Deberías de ser tan aplicado como tu compañero Roberto", le dice el padre al hijo, "él no se saca seises y sietes de calificación como tú, ¿verdad?"

"No", contesta tranquilamente el adolescente, "pero él tiene una ventaja: sus padres son brillantes."*

Comparamos a los adolescentes pensando que así los ayudamos a mejorar, pero al hacerlo los descalificamos. Les decimos, sin palabras, que "no tienen un valor propio". Negamos, por lo tanto, que sean únicos como seres humanos y despertamos su enojo y resentimiento, no solamente hacia nosotros, sino también hacia la persona con la cual los comparamos.

Comparar está muy relacionado en nuestra cultura con la competitividad, el pensar que tenemos que ser los mejores y, por lo tanto, estar midiéndonos para sobresalir. Pero al comparar a los hijos, mostramos nuestra inhabilidad para tener una verdadera comunicación con ellos.

Recomendaciones

• Resistan la tentación de compararlos.
• Ábranse al diálogo y recuerden que sus hijos son únicos y por lo tanto incomparables.
• Concéntrense y valoren sus cualidades y dones.

2. Que te regañen sin escucharte

"Cuando pasa algo o alguien se queja con los adultos, ellos primero avientan el 'trancazo' y después averiguan. Siempre están con la espada desenvainada. Incluso a veces se adelantan... por si acaso."

---

* Adaptado de Jacob M. Braude en Patrick Regan, *Teachers, Jokes, Quotes, and Anecdotes*, Andrews McMeel Publishing, Kansas City, 2001, p. 111.

Ésta es una de las muchas formas en que podemos agredir, aunque sea de manera inconsciente, a los adolescentes. Cuando los regañamos antes de darles la oportunidad de explicarse, estamos reaccionando y dándole más importancia a otras personas que a ellos. El adolescente se siente menospreciado y humillado.

Recomendaciones

• Primero escuchen al adolescente antes de llegar a conclusiones.
• Detengan sus juicios y estén abiertos para conocer su versión.
• Después, si es necesario, acuerden conjuntamente las consecuencias y llévenlas a cabo de manera consistente.

3. Que te castiguen con cosas que no vienen al caso

"Los adultos nos castigan con lo que más nos duele, aunque nada tenga que ver con lo que hicimos. Nos quitan lo que más nos gusta, como la computadora o salir con los amigos; son arbitrarios e injustos."

Reaccionar de esta manera es otra forma de agresión encubierta. "Si el adolescente no cumplió con su responsabilidad o hizo algo indebido... pues que pague, pero ¡que le duela!" Y los castigamos con lo primero que se nos ocurre. Si estamos muy enojados, seguramente se nos "pasará la mano". Es comprensible por qué le parece injusto y arbitrario nuestro comportamiento al adolescente, ya que no hay relación lógica entre lo que hizo y el castigo que le estamos dando. Por lo tanto, es incongruente y absurdo, y lo único que percibe de forma clara es nuestro deseo de venganza.

Cuando esto ocurre nos metemos en un callejón sin salida pues, aunque sí hacemos valer nuestra autoridad, lastimamos la relación y, en vez de que asuman su responsabilidad, se vuelven deshonestos. Aunque cumplan con lo que les pedimos, lo harán sólo para librarse de nosotros: repetirán por resentimiento o rebeldía las mismas conductas o actitudes que deseábamos corregir, pero a nuestras espaldas.

Recomendaciones

• Primero hagan una pausa para calmarse.

• Después inviten al adolescente a participar en la elección de la consecuencia ("¿Cuál crees que debería ser la consecuencia de lo que hiciste?"). Cuando el joven se siente incluido como parte del proceso, es más fácil que acepte su responsabilidad. (Revisen la aplicación de consecuencias en el capítulo 7.)

4. Que sean fatalistas

"Siempre piensan en lo peor que nos puede pasar. Pides un permiso y siempre te embarran todo lo que puede suceder: te pueden secuestrar, balacear, apuñalar; puede llevarte la policía... Creo que los adultos ven demasiadas noticias en la tele."

"Muchas veces no te dan permiso por miedo, pero te hacen sentir que es porque ellos tienen la razón. Y que todo lo saben."

Tratar de atemorizar a los hijos sólo los aleja de nosotros. Ningún adolescente quiere estar con un adulto que manipula a través del miedo. Esto sólo despierta su enojo y su rebeldía.

La gran pregunta que tenemos que enfrentar como padres de familia es: ¿cómo enseñar a nuestros hijos a cuidarse y ser precavidos sin atemorizarlos? Porque cuando los asustamos los estamos debilitando y, por lo tanto, en vez de que tengan confianza en sí mismos y se sientan seguros, se vuelven cobardes. ¿Quién tiene mejores posibilidades de salir adelante en la vida: un hijo seguro y bien plantado, con confianza en sí mismo, o uno temeroso, aprehensivo e inseguro?

Recomendaciones

• Observen su miedo y manténganlo a raya.

• Resistan la tentación de ponerlos sobre advertencia asustándolos.

- Traten de ver los aspectos positivos de las situaciones.
- Confíen en que sus hijos podrán enfrentar y aprovechar las circunstancias que se les presenten en la vida para aprender.

5. Que abusen de su "poder"

"Justo cuando te vas a acostar para flojear un rato, o cuando vas a chatear, te piden que les traigas algo, o que hagas algo que ellos pueden muy bien hacer. Y te amenazan diciéndote que, si no lo haces, entonces cuando tú les pidas algo, no lo van a hacer; o viene el chantaje de que están muy cansados pues trabajan para mantenerte. Está bien cuando es de vez en cuando, pero ¡que no se pasen!"

En la convivencia diaria nos tenemos que ayudar unos a otros y sí es importante que los hijos cooperen y sean capaces de hacer favores para los demás. Pero, ¡cuidado!, que no se les pase la mano.

Recomendaciones

- Observen y guarden el equilibrio.
- No abusen usando a sus hijos como mandaderos.

6. Que no se pongan de acuerdo o se contradigan

"Me enoja mucho que me den un permiso y luego me digan que ya lo pensaron bien y que siempre no. O que uno me diga que sí y el otro que no."

"Me dijeron que eligiera el deporte que quería hacer. Decidí que quería jugar futbol, pero entonces me contestaron que tenía que ser tenis, para aprovechar la membresía del club. ¿Para qué me dicen que escoja? ¿Quién los entiende?"

"Te piden que no fumes, que no digas groserías, que no le faltes al respeto a tus maestros, que seas puntual, que no grites, que no te pelees, etcétera, y ¡ellos hacen todo eso!"

"Cuando mi mejor amiga solicitó su ingreso a una universidad en el extranjero, pregunté muy entusiasmada a mis padres si yo también podía mandar una solicitud. Ellos estuvieron de acuerdo, pero cuando me aceptaron, me dijeron que no podían pagar la colegiatura. Entonces la directora de inscripciones nos localizó para decirnos que podíamos solicitar una beca. Mis padres no se interesaron y finalmente terminé quedándome en casa. Unos meses después compraron una camioneta del mismo costo de lo que hubiera sido un año de colegiatura. He perdido el interés en estudiar, me siento engañada y muy decepcionada."

Si hay algo que lastima a los adolescentes es la falta de congruencia. Cuando nos escuchan decir una cosa y hacemos otra, o cuando nos contradecimos, ellos se dan cuenta de nuestra falta de carácter. Nos ven débiles y sin consistencia, cuando lo que buscan son adultos bien plantados, dispuestos a correr riesgos, que se atrevan a decir lo que piensan y que tengan el valor de equivocarse. Quieren padres que se sostengan en lo que dicen aunque se sientan incómodos.

Recomendaciones

• Piensen antes de contestar.
• Cuando no estén seguros, digan: "Voy a pensarlo y después hablamos." Hagan una pausa antes de tomar una decisión. Esto evitará que reaccionen y después se arrepientan y acaben contradiciéndose.
• Pónganse de acuerdo con su pareja *antes* de tomar una decisión.
• Si toman una decisión, sosténganla.
• No le pidan a su hijo lo que ustedes no son capaces de hacer.

7. Que te pongan en evidencia con tus amigos

"Es horrible que tu madre platique en público cosas que tú no quieres que sepan los demás. A mi madre se le ocurrió contar en la escuela que soy muy bueno para hacer cacahuates garapiñados. Ahora soy la burla de todos."

"Cuando vinieron mis amigos a casa, mi padre se dedicó a contar anécdotas de cuando era pequeño. Me quería morir de la vergüenza."

"Odio que me regañen frente a mis amigos como si tuviera cuatro años. ¿Por qué no se esperan a que estemos solos?"

Cuando hacemos público lo que es privado, los adolescentes se sienten expuestos y los apenamos. Necesitamos desarrollar la sensibilidad para no violar su sentido de privacidad.

Recomendaciones

• Llámenle la atención a sus hijos a solas.
• Mantengan una comunicación abierta para saber qué cosas prefiere que se queden privadas.
• Observen a su adolescente y deténganse si ven que no le gusta lo que están contando sobre él.
• Si violaron su privacidad, discúlpense.

8. Que nunca sea suficiente lo que haces

"Con mucho esfuerzo me saqué un ocho en matemáticas, después de varias reprobadas. Lo único que me dijo mi padre fue: 'Espero un 10 el próximo mes.' Nunca está satisfecho con lo que hago."

"Estuve varias horas arreglando y limpiando mi cuarto, pero cuando terminé lo único que me dijo mi madre fue, "Te falta sacar la basura y darle de comer al perro." No aprecia lo que hago."

El adolescente necesita escuchar que sus padres están contentos y satisfechos con él, que no necesita hacer nada para ser querido y que es motivo de orgullo para ellos. El joven busca de forma natural este reconocimiento de las dos personas más importantes para él. Por eso es que este hueco emocional no lo pueden llenar ni los amigos ni los maestros, sino solamente los padres.

Recomendaciones

- Den reconocimiento, de manera natural y sin exageraciones, a su adolescente cuando vean que se esfuerza.
- Agradézcanle cuando coopere y háganle saber que aprecian su colaboración.

9. Que se luzcan frente a tus amigos

"Cómo me molesta que cuando llega mi padre, empieza a hacerse el gracioso y comienza a jugar con mis amigos como si fuera su cuate. Yo sé que cree que cae bien, pero la verdad es que no le queda. ¿Qué no se da cuenta que ya no es adolec̠ cente?"

Muchos padres no se dan cuenta de que, con la intención de ser simpáticos con los amigos de sus hijos, se pasan de la raya y se comportan como adolescentes. Desgraciadamente, es obvio que es un papel que no les queda. Cuando un adolescente se encuentra frente a un adulto, espera que éste se comporte como tal.

Un adulto puede tener una actitud juvenil y puede ser muy sociable sin perder su lugar. Puede tener una actitud abierta y amistosa sin convertirse en un adolescente.

Recomendaciones

- Recuerden que ya pasaron la adolescencia y que es un orgullo ser un adulto.
- Sean naturales cuando estén frente a los amigos de sus hijos.
- Confíen en ustedes mismos.

10. Que cuando no saben no lo reconozcan

"Mi padre cree que todo lo sabe. Y cuando no, lo inventa, pero callado no se queda. Siempre quiere tener la razón aun cuando se nota que ya no sabe qué decir."

"Yo sé cuando lo que me dicen mis padres no va en serio. Entonces no les hago caso, y hago lo que yo quiero, pues sé que no va a pasar nada."

"Mi padre, cuando quiere convencerme de algo y se le acaban los argumentos, me menciona las estadísticas. Es ridículo."

Caemos en una trampa si queremos parecer sabios y perfectos frente al adolescente. Si no deseamos admitir nuestros errores porque estamos en competencia con él, o queremos seguir en el pedestal para que nos sigan admirando, estamos alejados de la realidad. Porque el tiempo en que el niño pequeño nos encontraba "perfectos", incapaces de cualquier equivocación, ha pasado. El adolescente, en cambio, tiene la capacidad para darse cuenta de manera muy clara cuando erramos o no sabemos. Intuye cuando no tenemos la seguridad de lo que estamos diciendo o haciendo. Y cuando se da cuenta de que tratamos de disimularlo u ocultarlo, se vuelve nuestro peor juez.

Tenemos más experiencia y mayor madurez que el adolescente, pero eso no nos hace infalibles. Equivocarse es parte de la vida y pensar que tenemos que ser perfectos sólo muestra nuestra inseguridad. Además, una persona que trata de mostrarse perfecta se pierde de muchas experiencias en la vida porque, por miedo al error, no se arriesga. Eso la lleva a vivir con cautela cuidando siempre su imagen.

Se vale dudar, equivocarse y no saber. Por lo tanto, es importante reconocer frente a los hijos cuando hemos fallado, no conocemos la respuesta o no estamos seguros. Cuando somos capaces de mostrar nuestras limitaciones, no perdemos estatura, sino por el contrario, nos ganamos su respeto. Y por supuesto, con el ejemplo les enseñamos también a que ellos acepten sus errores como parte de su vida.

Recomendaciones

- Recuerden que no están en competencia con sus hijos.
- Reconozcan abiertamente cuando se equivocan.
- Digan claramente: "Eso no lo sé, hijo", o: "Déjame pensarlo, en este momento no se me ocurre qué decirte."
- Eviten entrar en lucha de poder.

11. Que quieran parecer adolescentes

"Mi madre trata de usar la misma ropa que yo. A ella le encanta que le digan que parece mi gemela, mientras que yo lo odio."

"Mi padre se viste como adolescente. Me avergüenza."

Nos han vendido la idea de que la etapa más divertida y la que hay que conservar es la de la juventud, y que envejecer es algo terrible. En nuestro afán por permanecer joviales podemos perder la noción de quiénes somos y qué es lo más importante en la vida.

Ser joven es maravilloso, pero también lo es ser un adulto maduro con experiencia. No tenemos por qué aparentar ser lo que no somos. En vez de eso hay que valorar la etapa que nos toca vivir.

Recomendaciones

• Valoren todas las ventajas que tienen como adultos.
• Recuerden que son mucho más que su juventud y su apariencia.
• Reconozcan su adolescencia como parte de su pasado y respeten que sea ahora su hijo el que está viviendo esa etapa.
• Disfruten la adolescencia de su hijo.

12. Que te sermoneen o se repitan

"Cuando me hablan mis padres empiezo a escuchar pero muy pronto me pongo en 'piloto automático', y luego, cuando terminan, les doy el 'avión'."

"Mi madre parece disco rayado. Cuando empieza a hablar, ya sé lo que va a decir. Así que, aunque pretendo escucharla, en realidad estoy pensando en otras cosas."

Vivimos en una cultura en que se habla mucho y se dice poco. Hay mucha verborrea y las palabras pareciera que se las lleva el viento. Es decir, nuestro lenguaje carece de verdadero significado. Cuando, en cambio, hablamos con atención y conciencia, necesitamos decir menos porque nuestras palabras están cargadas, tienen volumen y peso.

Cuando hablamos por hablar, el adolescente se desconecta y pone su atención en otras cosas, y luego nos molestamos porque no nos atiende. También les aburre que "andemos por las ramas" en vez de "ir la grano". Saben muchas veces lo que en el fondo les queremos transmitir y son impacientes con nuestros sermones, que los fastidian sobremanera.

Recomendaciones

• Piensen antes de hablar. Pongan atención a lo que dicen.
• No hablen por hablar, ni se repitan.
• Sean concisos y claros e inviten al diálogo.

13. Que te presuman con sus amigos o con la familia

"En la cena familiar mi padre se pasó presumiendo que soy el mejor portero. ¡Me quería meter debajo de la mesa!"

"Mi madre llamó a sus amigas para decirles que saqué las más altas calificaciones. ¿Qué no tiene otra cosa de qué hablar?"

Es natural que estemos orgullosos de nuestros hijos, pero cuando los presumimos se sienten expuestos y piensan que los tratamos como trofeos. Sienten que los identificamos con sus logros y reciben la impresión de que lo más importante no es su persona, sino lo que hacen o consiguen. No se sienten apreciados por quienes realmente son.

Recomendaciones

• Reconozcan y felicítenlos por sus logros de manera natural y sin exageraciones.
• Compartan su gusto con las personas allegadas cuando su hijo no esté presente.
• Recuerden que su hijo no es un trofeo, y que es más que una calificación y más que cualquier logro.

14. Que te condicionen

"Ayer le pedí permiso a mi madre para salir con mis amigos. Como siempre, me contestó: 'No vas si no has recogido tu cuarto y sacado la basura.' ¡Me choca! ¿No puede darme un permiso sin condicionarme?"

Si hay un seguimiento consistente con las tareas que acordamos que debe hacer el hijo, entonces no es necesario condicionarlo. Una cosa es independiente de la otra.

Recomendación

• Supervisen que el adolescente cumpla con las tareas acordadas.

15. Que te cuestionen como detectives

"Cuando pido un permiso, mi madre empieza con el interrogatorio: '¿Con quién vas? ¿A dónde van? ¿Qué van a hacer? ¿A qué hora salen? ¿A qué hora regresan? ¿De qué se trata? ¿Por qué quieren ir?' Etcétera etcétera etcétera. Debería contratarla la INTERPOL. ¡Es una profesional para examinar! Y estoy perdido si me equivoco o no sé alguna respuesta."

Es natural que queramos tener toda la información cuando un hijo nos pide un permiso. Pero iniciar un interrogatorio exhaustivo le da la impresión de que no confiamos en él y de que lo que buscamos es controlarlo.

El adolescente necesita percibir que las preguntas que le hacemos surgen, no de la desconfianza, sino de un genuino interés por lo que hacen. Que no estamos indagando para sermonearlos o advertirles, sino que confiamos en que están adquiriendo la habilidad para tomar decisiones responsables. El adolescente se da perfecta cuenta cuando lo que queremos es controlarlo o cuando confiamos y nos interesamos en su vida.

Recomendaciones

• No hagan preguntas automáticamente cuando les pidan un permiso.

- Hagan una pausa para escucharlos con atención.
- Pregunten por interés y no por obligación.

16. Que constantemente hagan referencia a tus calificaciones

"A mis padres lo único que les importa son mis calificaciones. Si son buenas, ¡ya la hice!: puedo hacer lo que se me ocurra, me presumen con toda la familia y me dan todos los permisos que pido. Pero si me va mal... ¡ya me amolé!"

"Cuando quiero hacer algo que sé que no me van a dar permiso, sólo les digo que es trabajo del colegio. Entonces me dejan en paz y hago lo que se me antoja. Parece que lo único que les interesa de mi vida es la escuela y mis calificaciones. De todo lo demás, ni se enteran."

Es natural que, cuando el hijo entra a la adolescencia, lo que más le interese sean las relaciones con sus amigos y, en consecuencia, el estudio tenga menos importancia. Es claro que tiene que estudiar y cumplir con sus responsabilidades pero necesitamos entender que para él la convivencia con sus amigos, en este momento de su vida, es su prioridad.

"Padre, ¿te acuerdas que me prometiste 500 pesos si pasaba mi examen de matemáticas? Pues te tengo una buena noticia: te acabas de ahorrar 500 pesos."*

Cuando para los padres la escuela se convierte en su único foco de interés, pierden el contacto con lo que realmente tiene significado para él.

Recomendaciones

- Estén presentes y apoyen las decisiones del colegio.
- No lo presionen de más con sus calificaciones.

---

* Adaptado de Bob Phillips, *The World's All-Time Best Collection of Good Clean Jokes*, Galahad Books, Nueva York, 1996, p. 259.

- Sean flexibles y confíen en que volverá a recuperar su interés por estudiar.
- Interésense en **todos** los aspectos de su vida.

17. Que le crean más a tu hermano menor

"Mi mamá siempre le cree más a mi hermano menor, y no se da cuenta de cómo se burla cuando ellos no lo están viendo. ¡Lo detesto!"

Por instinto tendemos a defender al que nos parece más indefenso; en este caso, el hijo menor. Tenemos que darnos cuenta de que, al hacerlo, estamos siendo injustos. El hecho de que sea el menor no quiere decir que automáticamente sea inocente, ni que el mayor tenga que ser siempre el responsable.

Si la hacen de jueces estarán jugando a ser dioses, y les quedará grande el papel, pues es imposible saber cómo ocurrieron exactamente las cosas. Siempre que puedan, dejen que ellos resuelvan sus conflictos. Si necesitan intervenir, sean "facilitadores" de la comunicación, es decir, traten de ser neutrales y sólo apóyenlos para que arreglen sus dificultades.

"Siéntense. Cada uno tendrá la oportunidad de hablar. El otro no podrá interrumpir hasta que sea su turno. Sin faltarse al respeto, pueden decir todo lo que sientan y piensen."

Permitan que se desahoguen y no hagan comentarios, ni tomen partido. Pero, si es necesario, ayúdenlos a encontrar una solución preguntando:

"¿Qué crees que puedan hacer para que esto se resuelva?

Recomendaciones

- Confíen en que ellos pueden arreglar sus conflictos. Díganles: "Estoy segura de que ustedes pueden arreglar sus problemas solos."
- Si necesitan intervenir, escuchen atentamente a los dos, pero no se conviertan en jueces sino en facilitadores del diálogo.

• Cuando quieran corregir al adolescente háganlo en privado, no frente a su hermano.

18. Que se desquiten contigo cuando vienen enojados

"Si quiero saber qué clase de día voy a tener, nada más observo el humor de mi madre. Si está 'de buenas' me va a ir bien, pero si está 'de malas', ¡cuidado!: trato de desaparecerme, pues sé que se va a desquitar conmigo."

"Cuando mi padre llega enojado del trabajo, se dedica a regañarme. Todo lo que hago está mal. Y luego se sorprende de que yo me desquite con mi hermano menor... ¡Si sólo estoy haciendo lo mismo que él hace conmigo!"

Tenemos que aprender a manejar nuestro enojo. Cuando nos desquitamos con los hijos, estamos liberándolo de manera inadecuada, pues los lastimamos. Están "pagando los platos rotos" cuando nada tienen que ver con lo que provocó nuestra molestia. Abusamos de nuestro poder y ellos lo resienten.

Recomendaciones

• Digan claramente: "Estoy de muy mal humor, me voy a retirar hasta que me sienta mejor."
• Aclárenles: "Hijo, mi enojo no tiene nada que ver contigo."
• Si se desquitaron con él, discúlpense (vean el capítulo 4).

19. Que entren a tu cuarto sin tocar y sean metiches

"A mi padre a cada rato se le olvida tocar la puerta cuando entra a mi recámara. Ya le he dicho mil veces, pero me sigue tratando como si tuviera cinco años. ¿Qué no entiende que me molesta que no respete mi espacio?"

"Cuando hablo con mis amigos, mi madre entra al cuarto y finge que está buscando algo, pero en realidad está tratando de escuchar lo que digo. ¿Por qué es tan metiche y no respeta mis conversaciones con mis amigos?"

Para los adolescentes su privacidad es muy importante. Cuando los padres la violan, el adolescente con razón lo resiente.

Recomendaciones

- Toquen antes de entrar a sus recámaras o al baño.
- No revisen sus cosas. Respeten su espacio.
- No escuchen sus conversaciones.
- Mantengan la comunicación abierta para que les compartan sus intereses y lo que es importante para ellos.
- Confíen en ellos.

20. Que no confíen en ti

"Cuando mi madre sabe que tengo exámenes, no deja de decirme: 'No se te olvide que tienes examen mañana... ¿Ya estudiaste?... ¿Cuánto te falta?... ¿Seguro estudiaste todo?... ¿No quieres repasarlo otra vez?' ¿Por qué no confía en mí? ¿Cuántos años cree que tengo?"

"Ayer le dije a mi padre que nos avisaron en el colegio que no habría clases el viernes. Cuando llegó a recogerme, le preguntó al maestro de la entrada si era cierto que habían suspendido las clases." En tono sarcástico: "Se siente uno muy bien cuando confían ciegamente en ti."

La falta de confianza engendra resentimiento, pues hace sentir al adolescente inadecuado e incompetente. En consecuencia, lastimamos su autoestima y su confianza en sí mismo.

Recomendaciones

- Recuerden que ya no son niños.
- Confíen en que están en un proceso continuo de crecimiento y maduración, y que poco a poco irán adquiriendo nuevas y mejores capacidades.
- Permitan que se equivoquen pues sólo así pueden aprender.
- No los rescaten de las consecuencias de sus actos.

Frases que tenemos que evitar

Los adolescentes son alérgicos a los imperativos, porque están aprendiendo a ser sus propios dueños y los insultamos cuando los mandamos como si fueran aún niños:

"¡Cállate!"
"¡Aplácate!"
"¡Estáte!"
"¡Quítate!"

Cuando tengan la tentación de tratarlos así, cálmense y pregúntense: "¿Así trataría a una amiga? ¿Le hablaría en este tono? ¿Sería prepotente y arrogante?" Por supuesto que no. Mostrémosles el mismo respeto que a cualquier amistad que apreciamos. También es importante que eviten frases como las siguientes, si no quieren recibir una mueca en respuesta:

"Me lo vas a agradecer un día."
"Es por tu propio bien."
"De mí te vas a acordar."
"¡Te lo dije!"
"¡Tú no me vas a decir a mí qué hacer!"
"¿Cuántas veces te lo tengo que decir?"
"¡Ni se te ocurra!"
"Como te ves me vi, como me ves te verás."
"¿Ya te mandas solo?"

Las veinte cosas de los adultos que más gustan a los adolescentes

A veces tendemos a poner énfasis en lo que nos molesta y lo bueno lo damos por hecho. No lo mencionamos ni lo reconocemos, e imaginamos que los demás ya lo saben. ¿Alguna vez le ha preguntado a su adolescente qué es lo que más le gusta de usted? Y si está pensando que seguramente le va a contestar que nada, piense otra vez. El adolescente tiende, al igual que nosotros, a quejarse y a hacer mucho ruido en relación con lo que le incomoda, pero probablemente nunca se le ha ocurrido mencionar lo que sí valora.

Cuando se le preguntó al mismo grupo de la lista anterior qué era lo que más apreciaban de sus padres, fueron muchos sus comentarios positivos, aunque sólo incluyo 20:

- Que te regañen pero no te castiguen. Es decir, que te hagan ver las cosas pero no te quiten lo que más te gusta.
- Que usen su experiencia para compartirla contigo, no para controlarte.
- Que te ayuden cuando tienes problemas, o en casos de emergencia, pues saben resolver todo tipo de situaciones.
- Que parecen adivinos, pues tienen un sexto sentido que les permite darse cuenta, por ejemplo, de cuando has dicho una mentira.
- Que te cuiden pero no te sobreprotejan. O sea, que te adviertan pero que te dejen tener tus propias experiencias.
- Que permitan que te equivoques.
- Que sepan hacer muchas cosas: cómo cocinar, cambiar una llanta, arreglar la casa, hacer proyectos.
- Que te digan la verdad aunque no la quieras escuchar.
- Que usen sus influencias para conseguirte lo que quieres.
- Que sean cariñosos.
- Que te ayuden a terminar algo que ya tienes que entregar, porque por "andar en la luna" se te fue el tiempo.
- Que tu padre, a pesar de que trabaje todo el día, todavía tenga tiempo para estar contigo aunque se acueste muy tarde.
- Que hagan hasta lo imposible para que uno esté bien.
- Que trabajen duro para que uno estudie.
- Que logren sus metas y con eso te animen a conseguir las tuyas.
- Que sean organizados y les alcance el tiempo para hacer muchas cosas en el día.
- Que te dejen invitar a tus amigos cuando se puede.
- Que se esfuercen por comprarte tantas cosas.
- Que siempre estén buscando lo mejor para ti.

Recomendaciones

- *No recibimos lo que deseamos, sino lo que esperamos*

Algunos padres desean que sus hijos sean respetuosos, responsables, cariñosos, etcétera, pero esperan algo distinto. Es decir, esperan que sean groseros, irresponsables y egoístas. En pocas palabras, desean una cosa pero esperan otra. Lo que ignoran es que no recibimos en la vida lo que deseamos, sino lo que esperamos. El poder de nuestras expectativas es más fuerte que nuestros deseos y finalmente es lo que terminamos manifestando. Ejemplos:

- Me encantaría que mi hijo fuera puntual, pero como sé que va a llegar tarde ni me apuro.
- Me gustaría que mi hijo saludara y fuera amable con mis amistades, pero como nunca lo hace, antes de que lleguen lo amonesto.
- Quisiera que mi hijo administrara bien su dinero, pero la última semana del mes estoy segura de que me va a pedir dinero adelantado porque ya se le acabó.

Cuando esperamos lo peor y en consecuencia recibimos lo peor, lo tomamos como una confirmación de que estábamos en lo cierto. Entonces suspiramos y pensamos que nunca obtendremos lo que deseamos, y nos resignamos. No nos damos cuenta de que nosotros mismos nos estamos creando esta realidad indeseable.

Tenemos que convencernos de que nuestros hijos son capaces de mostrarnos sus mejores cualidades. Por eso tenemos que empezar por cambiar nuestras expectativas para que sean positivas y que coincidan con nuestros buenos deseos. Como dijo Johann Wolfgang von Goethe:

> Trata a un hombre como es, y permanecerá como es. Trata a un hombre como puede y debe ser, y se convertirá en lo que puede y debe ser.

De tal manera, les recomiendo que empiecen por *revisar sus expectativas*.

Preguntas para reflexionar

1. ¿Corrijo o critico constantemente a mi adolescente?
2. ¿Me sorprende cuando hace las cosas bien porque siempre estoy esperando lo peor?
3. ¿Pienso que si sólo fuera más atento, se vistiera mejor o sacara mejores calificaciones, etcétera, estaría yo satisfecha?
4. ¿Nunca parece ser suficiente lo que hace? ¿Quisiera que fuera perfecto?
5. ¿Rara vez le hago un cumplido o reconozco sus cualidades?
6. ¿He perdido las esperanzas de que mi adolescente mejore?
7. ¿Mi adolescente se queja continuamente de mí?
8. ¿Me critica con frecuencia?

A veces no nos damos cuenta de que el adolescente refleja como un espejo las actitudes que adoptamos ante él. Es decir, si nuestro adolescente se queja de nosotros y nos critica, puede ser en respuesta a las mismas actitudes que tenemos hacia él. Yo lo critico y él me responde también criticándome. Yo me quejo de él, y él a cambio se queja de mí.

• *Aprecien a su adolescente*

Cuando valoramos los aspectos positivos de otra persona, activamos en ella lo mejor. Entonces no puede más que mostrarnos sus partes sobresalientes.

Si esto fuera lo único que pusieran en práctica de este libro, bien habría valido mi tiempo el escribirlo, pues verían una transformación en la actitud que tienen hacia su adolescente, y él no podría sino responder positivamente ante el cambio. Si quieren tener una buena relación con sus hijos, tienen que dejar de poner su atención en aquello que no les gusta, y enfocarse en lo que aprecian. Su atención alimenta y activa tanto lo positivo como lo negativo en los demás. Si desean que sus hijos les enseñen lo mejor de ellos mismos, es ahí donde tienen que enfocarse.

Si les dan el ejemplo y muestran aprecio por sus cualidades, ellos les corresponderán valorando las suyas. Y al vivir en apreciación mutua, su mundo completo se transformará. ¿De quién depende que ese cambio se dé? Solamente de ustedes mismos.

Si se toman un momento todos las días para hacer el siguiente ejercicio, yo les puedo asegurar que en poco tiempo empezarán a ver un cambio notable en su relación, porque al apreciar a su adolescente empezarán a destapar todos los canales obstruidos que no han permitido que su amor fluya. Y ese amor es la solución a cualquier dificultad que puedan tener.

Ejercicio

• *Al levantarse por la mañana*

"Consigan un cuaderno que les guste y titúlenlo: 'Todo lo que aprecio en mi vida.' Antes de empezar con sus tareas cotidianas, tómense unos minutos y apunten lo que valoran y aprecian en su vida, pero incluyan siempre a su adolescente. Después de escribir por lo menos una hoja, cierren el libro y tómense unos momentos para imaginarse a su adolescente en su mejor momento. Sonrían y entren en contacto con todo el amor que sienten por él."*

Durante el día

Repitan cada vez que puedan la siguiente afirmación:

Aprecio y valoro los dones y las cualidades de mi hijo.

Al acostarse a dormir

Revisen todo lo positivo que vivieron en el día y agradézcanlo. Recuerden algo que disfrutaron de su adolescente.

---

* Esther y Jerry Hicks, *Cuaderno de trabajo, Pide y se te dará*, Urano, Barcelona, 2006, p. 90.

Para concluir este capítulo, resumiré quizá los tres mejores consejos que puedo darles a los padres:

1. Acepten a su adolescente como es en este momento, al mismo tiempo que vislumbran su potencial.

2. Enfóquense en sus aspectos positivos y minimicen sus errores.

3. Deseen y esperen lo mejor, y recibirán lo mejor.

capítulo 10

Alas para volar: los sueños del adolescente

Hagamos memoria

¿Recuerdan algunos de sus sueños de adolescentes? ¿Se acuerdan qué imaginaban cuando se tendían sobre la cama a contemplar el vacío? Los invito a hacer memoria para acercarse a su adolescente. Porque, cuando recordamos, nos remontamos a esos tiempos pasados cuando nuestros intereses eran distintos. Cuando el tiempo tenía otro valor y podíamos pasar horas soñando sin remordimiento alguno. Cuando nuestra única preocupación era estar con los amigos, pasarla bien y vivir el momento. El futuro lo veíamos aún como algo muy lejano que sólo le pertenecía a los adultos.

Era el tiempo de soñar. Soñábamos despiertos. Y esos sueños eran parte de nuestro mundo privado, secreto, que guardábamos celosamente. Algunos los compartíamos con un muy buen amigo o un adulto confidente, pero era como entregarles una parte de nosotros mismos. Al hacerlo nos sentíamos vulnerables, expuestos. Y si no eran bien recibidos, nos quedábamos lastimados.

Pero esos sueños eran más que un simple pasatiempo. Ellos nos sostenían y daban sentido a nuestra existencia. Cuando estábamos tristes o descorazonados, esos sueños nos rescataban y nos daban ánimo, porque en ellos no existían los imposibles; en ellos nuestro amor era correspondido y nuestros enemigos invariablemente recibían su merecido. En ese mundo de los sueños éramos siempre favorecidos porque invariablemente nos asignábamos el papel del héroe o la heroína. Estos sueños corregían las injusticias de nuestra realidad, maquillaban los desperfectos de nuestro entorno y condimentaban los sinsabores de la convivencia diaria. Nuestros sueños eran divertidos, dramáticos, románticos.

A veces ellos iban acompañados de nuestra música favorita, recortes de alguna revista, o de servilletas baratas dobladas del último restaurante donde estuvimos acompañadas. Los sueños le daban un brillo especial a objetos que para otros carecían de valor.

> La madre, con aparente gesto de disgusto, le pregunta a su hija: "¿Qué son todas estas porquerías que guardas en esta caja? Es pura basura, ¿para qué la quieres?"
>
> "¡Deja mis cosas, mamá! Son mías y yo sé por qué las quiero!", contesta la hija molesta.

Esos sueños eran en algunas ocasiones como globos que lanzábamos al cielo sin saber a dónde iban a parar, mientras que otras veces se transformaban en un gran globo aerostático que nos levantaba por encima de nuestra incómoda realidad, para mostrarnos mejores panoramas. Era así como nos reconfortábamos cuando nos sentíamos presionados, abrumados o confundidos.

Nuestros sueños se convertían entonces en bálsamos para el alma. Por eso es que buscábamos refugiarnos en la soledad de nuestro espacio, separados de la familia, para reabastecernos de aquello que nos ofrecía algo de estabilidad y consuelo. Estar solos nos permitía, libres de toda censura y juicio, dar rienda suelta a nuestra imaginación. Nos dejaba conectarnos con un futuro lleno de esperanza y nuevas oportunidades, y nos daba la confianza para seguir hacia delante.

¿Qué pasó con nuestros sueños?

Si los sueños jugaban un papel tan importante en nuestra adolescencia, ¿por qué hemos dejado los adultos de soñar? ¿Cuándo empezamos a caminar agachados, mirando únicamente el suelo? ¿Qué sucedió con esa parte que necesita desprenderse y volar para vislumbrar nuevas y mejores posibilidades? ¿Cuándo nos volvimos temerosos, calculadores y pesimistas?

No podemos ayudar al adolescente en su proceso de crecimiento si hemos perdido nuestra capacidad para soñar, y nuestra visión del mundo es cínica y negativa. Cuando dejamos de soñar, la vida se vuelve rutinaria y desabrida, y carece de sentido, pierde su ligereza y se torna compacta, dura. No tenemos entonces nada bueno que compartir.

Los invito a revisar las siguientes preguntas para tomar conciencia de las actitudes que puedan tener frente a la vida.

Preguntas para reflexionar

1. Los temas sobre los cuales converso con frecuencia, ¿son agradables, alegres y optimistas, o negativos y pesimistas?
2. ¿Generalmente veo el lado bueno de las cosas o tiendo a ver el lado oscuro?
3. ¿Disfruto hablando de tragedias y adversidades?
4. ¿Saboreo las noticias más dramáticas de los periódicos y las revistas?
5. ¿Me gusta hacerme la víctima? ¿O victimizar a mi adolescente? ¿Me gusta que me tengan lástima?
6. ¿Cuando alguien menciona algo positivo de mi adolescente agrego: "Sí, pero..."?
7. ¿Siempre estoy buscando el error o la equivocación en lo que hace?
8. ¿Se me dificulta darle reconocimiento cuando hace algo bien o logra lo que quiere? ¿Generalmente me concentro más bien en corregirlo o criticarlo?

9. ¿Me gusta desinflarle sus globos, es decir, destruyo sus sueños para que vea la realidad y ponga los pies en la tierra?
¿Soy un "matasueños"?

> "Si yo fuera el gobernador de este estado, sabría cómo solucio-
> nar esos problemas. Empezaría por cambiar...", comenta el
> adolescente. "¡Sí, cómo no!", interrumpe con tono sarcástico
> la madre, "ya me parece que lo harías, ¡si no puedes ni siquie-
> ra pasar tu examen de química!"

Cuando descalificamos o nos burlamos de algún sueño de
nuestro adolescente no nos damos cuenta del daño que le hacemos. Si sólo pudiéramos ver lo que ocurre en su interior, sa-
bríamos que estamos aplastando sus aspiraciones y lo estamos
arrastrando al piso. Le decimos sin palabras que es iluso, impotente y tonto. Socavamos su confianza en sí mismo y merma-
mos su autoestima.

Afirmación

☆ *Respeto y valoro mis sueños y los de mi hijo.*

Ayudas positivas

Volvamos a soñar

Si queremos acercarnos al adolescente tenemos que recuperar
nuestra habilidad para soñar. Tenemos que desempolvar esa capacidad para volver a confiar en que podemos atraer a nuestras
vidas todo lo que queremos, para que veamos el futuro con
confianza y optimismo, y podamos contagiar a nuestros hijos
de ese deseo de vivir.

Cuando el adolescente sueña, necesita tener a su lado un
adulto que comprenda y valore sus sueños, que se dé cuenta de
que, para poder crear, primero tiene que imaginar. Como decía Albert Einstein:

La imaginación es más importante que el conocimiento. El conocimiento es limitado, la imaginación da la vuelta al mundo.

Si queremos hijos verdaderamente inteligentes, capaces de enfrentar retos y dispuestos a correr riesgos, necesitamos desarrollar nuestra imaginación y soñar.

Una madre le preguntó a Albert Einstein: "¿Qué podemos hacer para que nuestros hijos sean inteligentes?"
El genio le respondió: "Cuéntenles cuentos de hadas."
La madre pensó que no la había comprendido. "No, pero ¿qué podemos hacer para que sean verdaderamente inteligentes?"
"Cuéntenles más cuentos de hadas", le volvió a contestar Einstein.

Albert Einstein recomendaba que se narraran cuentos de hadas a los niños pequeños porque de esta manera se les ayuda a que desarrollen su imaginación. De la misma forma, cuando el adolescente sueña e imagina, está ampliando su perspectiva, está vislumbrando otras posibilidades y se está proyectando hacia el futuro. ¿Qué es la inteligencia sino la capacidad de percibir una realidad más amplia, más completa? ¿Qué es sino el poder sopesar mentalmente otras alternativas y contemplar una gama más variada de soluciones? Cuando nuestros hijos imaginan, dejan de sentirse limitados, para verse libres y abiertos a una infinidad de posibilidades.

No hay sueños imposibles, sólo mentes limitadas

Cuando su adolescente comparta con ustedes alguno de sus sueños, dense cuenta de que es eso: un sueño. Quiere decir que aún no se realiza y que puede ser que nunca se convierta en realidad, pero eso nadie lo puede asegurar. Si revisan las biografías de personas exitosas verán que empezaron soñando con aquello que querían lograr, y que en el camino se toparon con muchos que no les creyeron o se burlaron de ellos; pero que gracias a que los ignoraron y persistieron, se aseguraron el éxito.

Así que, en relación con sus hijos, no saben realmente qué podrán alcanzar a futuro, hasta dónde podrán proyectarse y qué conseguirán. Pero tienen dos alternativas: los impulsan o los desinflan. Algunos, a pesar de ustedes y de todos los obstáculos con que se encuentren, conseguirán lo que quieren en la vida, pero otros se desanimarán y se quedarán pequeños. ¿Quieren correr este riesgo con sus hijos?

Escúchenlos cuando les compartan sus sueños. Dense cuenta de que les están comunicando algo muy íntimo, y que si lo hacen es porque confían en ustedes y porque son importantes para ellos. Conocer sus sueños les permite un vistazo a través de la puerta entreabierta de su vida interior, donde se encuentran sus deseos, sus preferencias y sus aspiraciones secretas.

"Señora Sánchez, ¿es cierto que su hijo Salvador es nieto de Steven Spielberg?", pregunta un compañero de sexto grado. La madre, sorprendida, se retira sin contestar.

Salvador tiene 12 años y sueña con ser director de cine. Sus padres le han regalado una cámara de video y se la pasa filmando a sus compañeros. Admira mucho las películas de este director de cine y, por supuesto, lo que más le gustaría ¡es estar emparentado con él! La madre, que comprende sus ilusiones, no lo recrimina ni se burla de él.

Denles alas para volar

Todos tenemos derecho a soñar. Nuestros sueños nos liberan de lo cotidiano y nos permiten atraer, con el poder de nuestro pensamiento, aquello que deseamos. El que mucho quiere alcanzar mucho tiene que soñar. Y de la atención con que alimentemos nuestros sueños dependerá lo que alcancemos. De nuestra capacidad para imaginar y sostener aquello que anhelamos dependerá el que esto se manifieste.

Así que dejen a sus hijos en libertad para soñar. Déjenlos volar para que amplíen sus horizontes y permítanles concebir una mejor y más bella realidad. Porque de sus sueños dependerá que nuestro mundo pueda cambiar. Y sueñen con ellos. Permitan que los sueños de sus hijos despierten los suyos. Recuperen su habilidad para conectarse con sus ilusiones. Seguramente serán distintas a las que tuvieron de adolescentes, pero no quiere decir que por eso sean menos bellas o menos importantes. Son simplemente diferentes. Permítanse abrir sus alas para que puedan volar juntos.

Conclusión

Espero que los capítulos anteriores les hayan ayudado a ampliar el concepto y a cambiar las creencias que tenían sobre la adolescencia, para que dejen de verla como una fase inevitable que tienen que sobrellevar, o como un mal sueño del cual ya quieren despertar, y en cambio, logren apreciar las posibilidades de crecimiento que les ofrece.

Porque pueden cambiar su enfoque sobre la adolescencia para que, en vez de verla como una crisis, la puedan considerar una oportunidad de grandes retos, y en cuanto al adolescente, dejar de reaccionar ante su rebeldía y recordar que es una manifestación de la necesidad que tiene de encontrar su propia individualidad. Cuando sea irresponsable, piensen que aún es inexperto pero que puede aprender de sus errores. En lugar de juzgarlo como un flojo, dense cuenta de que su cuerpo está pasando por grandes cambios y requiere de reposo. Cuando les parezca egoísta y que sólo se interesa en sus amigos, piensen que está aprendiendo a relacionarse, y que se interesa en cosas que para él tienen sentido. Si es apático puede ser porque necesita retos inteligentes, y cuando se pone imposible, porque tiene mil formas de ser.

Tienen, en pocas palabras, la oportunidad de elegir la interpretación que quieran darle a lo que día con día van experimentando con su hijo adolescente. Pueden enfocarse en su lado negativo o escoger una perspectiva positiva. Pueden quejarse al tratar de controlarlo, o pueden asombrarse al verlo como un espejo suyo y de la cultura, en lucha por una identidad propia, buscando pistas que den un significado profundo a su vida y pidiendo de ser escuchado por adultos congruentes y comprometidos.

Si cambian sus pensamientos en relación con su adolescente se transformarán en consecuencia también sus actitudes.

Así que en vez de:	Podrán:
Sermonearlo	Escucharlo
Frenarlo	Contenerlo
Imponerse	Guiarlo
Criticarlo	Comprenderlo
Juzgarlo	Interesarse
Compararlo	Apreciarlo
Querer cambiarlo	Aceptarlo
Descalificarlo	Valorarlo
Soportarlo	Disfrutarlo

Convivir con el adolescente les da una oportunidad para revisar sus valores y sus prioridades, para confrontar sus inseguridades y sus miedos, para detenerse y verse al desnudo, sin máscaras, tal y como él los ve, para retomar, corregir y ampliar sus metas, y preguntarse sobre la dirección de sus vidas. Gracias al adolescente pueden estirarse para tratar de ser más.

Si miran al adolescente con el corazón, sabrán que está pasando por una etapa maravillosa en la que la conciencia lucha por despertar; en la que, como ser en clara evolución, comienza a develar sus potencialidades. Verán que encuentra en el riesgo una aventura digna de vivirse, y en el entusiasmo y la pasión el sabor de su existencia. Y que convierte la búsqueda de lo genuino en el propósito que le da verdadero sentido a su vida.

El pensamiento a veces nos engaña: su visión puede ser miope, superficial y limitada. El corazón, en cambio, atraviesa las apariencias para contemplar la esencia. Ve a los hijos en toda su magnificencia, porque le da valor a lo que valor merece.

Miren a su adolescente con el corazón, y aprecien el milagro de su existencia.

Compendio de afirmaciones

Para padres controladores o sobreprotectores

☆ *Yo aliento a mi hija para caminar por la vida y la ayudo a crecer segura e independiente.*

☆ *Celebro la libertad de mi hijo para avanzar en la vida.*

☆ *Reconozco a mi hija como un ser independiente de mí, y honro su individualidad y destino.*

☆ *Yo elijo educar a mi hijo respetando su individualidad y su camino.*

☆ *Yo respeto el espacio, la individualidad y la independencia de mi hija.*

Para padres que abandonan

☆ *Comprendo que mi hijo, como ser en desarrollo, necesita de mi guía y protección.*

Para padres que quieren recuperar su lugar

☆ *Yo soy el adulto maduro y con juicio en esta situación.*

☆ *Reconozco tu lugar de hijo y asumo respetuosamente el mío como tu padre.*

Para padres inseguros

☆ *Confío en la vida y confío en la capacidad de mi hija para aprender y madurar.*

Para padres estresados

☆ *Yo merezco descansar y recuperarme para poder ser una madre amorosa.*

Para padres perfeccionistas o exigentes

☆ *Amo ser flexible y tolerante conmigo mismo y con los demás.*

☆ *Permito y perdono los errores de mi hijo, pues comprendo que sólo son medios de aprendizaje.*

Para padres miedosos

☆ *Me sobrepongo a mis miedos para permitir a mi hijo crecer en libertad.*

☆ *Mi miedo no le pertenece a mi hija, sólo yo soy responsable de mis emociones.*

☆ *Me sobrepongo a mi miedo para guiar a mi hijo con confianza.*

Para padres que critican

☆ *Aprecio y valoro los dones y las cualidades de mi hija.*

Para todos los padres

☆ *Respeto y valoro mis sueños y los de mi hijo.*

☆ *Yo asumo la responsabilidad de crearme la realidad que deseo.*

Bibliografía

Biddulph, Steve, *Raising Boys*, Celestial Arts, Berkeley, 1998.

——, *Manhood*, Finch Publishing Company, Sydney, 1995.

Braiker, Harriet, *La enfermedad de complacer a los demás*, EDAF, Madrid, 2003.

——, *It's a Man's World*, Barnes and Noble Books, Nueva York, 2005.

Brown, Judy, *The Funny Pages*, Andrews McMeel Publishing, Kansas City, 2002.

——, *Squeaky Clean Comedy*, Andrews McMeel Publishing, Kansas City, 2005.

Burns, E. Timothy, *Our Children, Our Future*, Marco Polo Publishers, Plano, 1992.

——, *From Risk to Resiliency: A Journey with Heart*, Marco Polo Publishers, Plano, 1994.

Dreikurs, Rudolf, *Children: The Challenge*, Penguin Books, Nueva York, 1990.

Elium, Jeanne y Don Elium, *Raising a Daughter*, Celestial Arts, Berkeley, 1994.

——, *Raising a Son*, Celestial Arts, Berkeley, 1996.

——, *Raising a Teenager*, Celestial Arts, Berkeley, 1999.

Golden, Bernard, *Healthy Anger*, Oxford University Press, Nueva York, 2003.

Gurian, Michael, *The Wonder of Boys*, Tarcher/Putnam, Nueva York, 1997.

Hicks, Esther y Jerry Hicks, *Pide y se te dará*, Urano, Barcelona, 2005.

——, *Cuaderno de trabajo, Pide y se te dará*, Urano, Barcelona, 2006.

Katherine, Anne, *Cuando se atraviesa la línea: cómo establecer límites en las relaciones*, EDAF, Madrid, 2003.

Mckay, Matthew y Peter Rogers, *The Anger Control Workbook*, MJF Books, Nueva York, 2000.

Mazzetti, Luciano, *Las estaciones de la vida*, Grupo Gráfico Consultor, Guadalajara, 2005.

Nelson, Jane y Lynn Lott, *Positive Discipline for Teenagers*, Prima Publishing, Rocklin, 1994.

Pádula, Claudia Marcela, *Desayunos de Anestesia*, puede descargarse de internet en la siguiente dirección: http://www.manantialcaduceo.com.ar/libros/books2.htm

Pittman, Frank, *Man Enough: Fathers, Sons and the Search for Masculinity*, Perigee Trade, Nueva York, 1994.

Phillips, Bob, *The Best Ever Book of Good Clean Jokes*, Galahad Books, Nueva Jersey, 1998.

——, *The World's All-Time Best Collection of Good Clean Jokes Jokes*, Galahad Books, Nueva York, 1996.

Randall, Shawn, *Sincronía en tu vida*, Pax, México, 2005.

Reader's Digest, Laughter, the best medicine, The Reader's Digest Association, Pleasantville, 1997.

Regan, Patrick, *Teachers, Jokes, Quotes, and Anecdotes*, Andrews McMeel Publishing, Kansas City, 2001.

Vagiste, Karin, *Controla tu enojo y soluciona el conflicto*, Diana, México, 2004.

Vogt, Felicitas, *Addiction's Many Faces*, Hawthorn Press, Reino Unido, 2002.

Acerca de la autora

Rosa Barocio es licenciada en Educación Preescolar por la Asociación Montessori Internacional, diplomada en Educación Montessori y diplomada en Educación Waldorf por el Rudolf Steiner College de Sacramento, California. Tiene 30 años de experiencia trabajando con niños, capacitando maestros, dirigiendo y asesorando escuelas y orientando a padres de familia. Imparte cursos y conferencias en diversas instituciones educativas y empresas en México, Estados Unidos, Europa, Sudamérica y Asia. Es autora de los libros *Disciplina con amor* y *Conoce tu temperamento y mejora tus relaciones* publicados por Editorial Pax México.

Para obtener información sobre los cursos y conferencias que imparte la autora, puede escribirle o visitar su página web:

rosa@rosabarocio.com
www.rosabarocio.com

Esta obra se terminó de imprimir
en septiembre de 2008, en los Talleres de

IREMA, S.A. de C.V.
Oculistas No. 43, Col. Sifón
09400, Iztapalapa, D.F.